"互联网+"新形态教材
高等职业教育"十三五"创新型规划教材
移动通信技术专业现代学徒制项目成果

# 通信工程办公实务

主　编：孙妮娜
副主编：李　可
参　编：王瑰琦　吕岳海　等
主　审：苏春明

北京理工大学出版社
BEIJING INSTITUTE OF TECHNOLOGY PRESS

## 内 容 简 介

本书以"通信工程项目助理"岗位的工作任务为例,介绍了通信工程项目实施过程中工程文件的制作方法、Office 2013、CAD、Visio 等办公软件的使用方法,涵盖了通信类文职岗位的主要内容。

本书按照"通信工程项目助理"岗位的工作流程,将内容整合为简历制作、投标(应答)文件制作、框架合同制作、基站信息表制作、竣工文件制作五个项目,每个项目根据实际的工作需要设置多个任务及拓展任务,以帮助读者加深理解岗位任务、熟练软件的使用、熟悉行业的标准和规范。

全书脉络清晰、重点突出,既有理论方法的介绍,也有实际工程案例的应用;既有工程规范标准的讲解,也有实际操作步骤的罗列,重实践轻理论。各个项目与课程的能力目标相对应,符合高职院校通信人才的培养标准。

**版权专有　侵权必究**

### 图书在版编目(CIP)数据

通信工程办公实务/孙妮娜主编 . —北京:北京理工大学出版社,2019.11 (2019.12 重印)

ISBN 978－7－5682－7819－5

Ⅰ.①通… Ⅱ.①孙… Ⅲ.①通信工程－文书工作 Ⅳ.①C931.46②TN91

中国版本图书馆 CIP 数据核字(2019)第 237339 号

| | |
|---|---|
| 出版发行 / | 北京理工大学出版社有限责任公司 |
| 社　　址 / | 北京市海淀区中关村南大街 5 号 |
| 邮　　编 / | 100081 |
| 电　　话 / | (010)68914775(总编室) |
| | (010)82562903(教材售后服务热线) |
| | (010)68948351(其他图书服务热线) |
| 网　　址 / | http://www.bitpress.com.cn |
| 经　　销 / | 全国各地新华书店 |
| 印　　刷 / | 北京虎彩文化传播有限公司 |
| 开　　本 / | 787 毫米 × 1092 毫米　1/16 |
| 印　　张 / | 11.5 |
| 字　　数 / | 226 千字 |
| 版　　次 / | 2019 年 11 月第 1 版　2019 年 12 月第 2 次印刷 |
| 定　　价 / | 39.00 元 |

责任编辑 / 张海丽
文案编辑 / 张海丽
责任校对 / 周瑞红
责任印制 / 李志强

图书出现印装质量问题,请拨打售后服务热线,本社负责调换

# 前言
## QIAN YAN

通信工程办公实务是通信类文职岗位从业人员必须要掌握的一门应用技术。本书介绍了从入职到通信工程项目结束过程中,"通信工程项目助理"岗位全部的工作任务及工作内容。书中以实际的工作内容为教学项目,配合工作页、拓展任务、课程的网络资源等,学生不仅可以基于本书完成传统的课堂学习任务,还可通过书中标注的资源开展自主学习,在学习的过程中不断加深对工程文件的理解,同时加强通信工程办公软件的使用技能,了解行业的规范和标准。

本书共分为 5 个项目,包括简历制作、投标(应答)文件制作、框架合同制作、基站信息表制作、竣工文件制作。各项目均以"知识目标→技能目标→任务描述→任务分析→任务实施→知识解读→项目小结→项目作业"的结构进行内容组织,将实际工程顺序与教学环节相结合,既有理论知识讲解,也有实践技能操作。

本书由吉林电子信息职业技术学院孙妮娜老师担任主编,并编写本书的项目四和项目五;李可老师担任副主编,并编写本书的项目一、项目二的部分内容及项目三;苏春明老师对全书素材进行了整体编辑与审阅;王瑰琦、吕岳海老师分别编写了项目二的组织结构图和工程流程图任务。

本书在编写过程参考了大量相关资料,在此向相关的作者表示感谢;同时还得了来自行业和相关企业的大力支持与指导,在此表示最诚挚的谢意!

由于编者水平有限,书中难免存在错误或不妥之处,如蒙读者指教,使本书更趋合理,编者不胜感激。

课程进度计划

课程考核方案

# 目录
MU LU

▶ 项目一　简历制作 …………………………………………………………… (1)

 1　通信工程项目助理岗位简历的认识 ……………………………………… (1)
 2　通信工程项目助理岗位简历的制作 ……………………………………… (5)
 3　项目小结 ………………………………………………………………… (19)
 4　项目作业 ………………………………………………………………… (19)

▶ 项目二　投标（应答）文件制作 …………………………………………… (21)

 1　通信工程投标（应答）文件内容的编辑 ……………………………… (21)
 2　通信工程项目预算表的制作 …………………………………………… (37)
 3　组织结构图的制作 ……………………………………………………… (57)
 4　室分故障抢修流程图绘制 ……………………………………………… (66)
 5　投标文件整体排版 ……………………………………………………… (72)
 6　项目小结 ………………………………………………………………… (88)
 7　项目作业 ………………………………………………………………… (89)

▶ 项目三　框架合同制作 ……………………………………………………… (91)

 1　框架合同认识 …………………………………………………………… (91)
 2　框架合同内容编辑与排版 ……………………………………………… (94)
 3　合同加密、加水印及 PDF 输出 ……………………………………… (106)

▶ 项目四　基站信息表制作 …………………………………………………… (113)

 1　××地区 LTE 网络基站信息表制作 ………………………………… (113)
 2　基站拓扑图制作 ………………………………………………………… (124)
 3　项目小结 ………………………………………………………………… (140)
 4　项目作业 ………………………………………………………………… (140)

▶ **项目五　竣工资料制作** …………………………………………………… (142)

  1 竣工文件制作 ……………………………………………………… (142)
  2 标准 A4 图框绘制 ………………………………………………… (145)
  3 图衔绘制 …………………………………………………………… (153)
  4 指北针绘制 ………………………………………………………… (158)
  5 室分系统拓扑图绘制 ……………………………………………… (167)
  6 项目小结 …………………………………………………………… (176)
  7 项目作业 …………………………………………………………… (176)

▶ **参考文献** ……………………………………………………………………… (178)

# 项目一
# 简历制作

简历制作

简历是求职者给招聘单位发的一份简要介绍。对大学毕业生来说，求职的头一件大事就是做好个人求职简历。现在一般找工作渠道有两种：一种是通过网络，另一种是通过现场的招聘会。一份良好的个人简历对于获得面试机会至关重要。本项目以通信工程项目助理岗位为例，详细介绍了简历的制作方法及制作要求。

## 1  通信工程项目助理岗位简历的认识

**知识目标**

1. 了解通信工程项目助理岗位主要工作内容
2. 熟悉通信工程项目助理岗位的岗位要求
3. 掌握简历制作的编写要素与编写原则

任务单

**技能目标**

1. 能够熟知通信工程助理岗位的岗位要求
2. 完成个人简历要素编写

### 1.1  任务描述

小王同学是移动通信专业即将毕业的学生，在网上看见×××通信公司招聘通信工程项目助理的招聘信息，想应聘此岗位。小王同学需要熟悉此岗位的主要工作内容及工程职责，并编写个人简历要素。

## 1.2 任务分析

根据任务描述，王同学需要准备两点：一是了解该公司通信工程项目助理岗位主要工作内容与岗位要求，二是熟悉简历制作的原则及主要要素。

## 1.3 任务实施

具体步骤如下：

步骤1：通过上网收集信息，咨询老师、学长等方式了解通信工程项目助理岗位主要工作内容与岗位要求。

步骤2：上网下载简历模板，熟悉简历制作的原则及主要要素。

步骤3：针对通信工程项目助理岗位，编写个人简历要素，填入简历模板。

## 1.4 知识解读

1. 通信工程项目助理岗位认识

通信工程项目助理岗位主要工作内容有：标书、合同、竣工文件、工程图纸等工程文件制作，以及文件的整理与归档等。

通信工程项目助理岗位要求有：具有一定的通信知识、文字处理能力、办公与计算机制图等软件的使用能力。

2. 个人简历

简历是个人说明书。一份出色的个人简历不仅对找工作有用，更是拉进关系的线，它能给陌生人深刻的第一印象。

在编写简历时，要强调工作目标和重点，语言要简短，多用动词，并且要避免可能会使你被淘汰的不相关信息。当你获准参加面试时，简历就完成了它的使命。

1）编写要素

标准的求职简历主要由四项基本内容组成。

基本情况：姓名、性别、出生日期、民族、联系方式等。

教育背景：按时间顺序列出初中至最高学历的学校、专业和主要课程，所参加的各种专业知识技能培训、获得的奖励等。

工作经历：按时间顺序列出参加工作至今所有的就业记录，包括公司/单位名称、职务、就任及离任时间，应该突出所任每个职位的职责、工作性质等，此为求职简历的精髓部分。对即将毕业的大学生来说，这项内容可以写在校期间的实习实训、社会实践、参加的校园大型活动等。

其他：个人特长及爱好、其他技能、专业团体、论文和证明人等。

2）编写原则

一份专业的简历要注意四个核心原则。

真实性：简历是给企业的第一张"名片"，不可以撒谎，更不可以掺假，但可以进行优化处理。专家说，优化不等于掺假，即可以选择将强项进行突出，将弱势进行忽略。比如一个应届毕业大学生，可以重点突出在校时的学生会工作和实习、志愿者、支教等工作经历，不单单是陈述这些经历本身，更重要的是提炼出自己从中得到了什么具有价值的经验，而这些收获能在今后持续发挥效用。如此一来，人力资源（Human Resource，HR）便不会以"应届生没有工作经验"为由拒你于千里之外了。

针对性：做简历时，可以事先结合职业规划确定出自己的求职目标，做出有针对性的版本，运用专门的语言对不同企业不同岗位进行递送求职简历，这样做往往更容易得到 HR 的认可。

价值性：把最有价值的内容放在简历中，无关痛痒的信息不需要放入简历浪费篇幅，使用语言讲究平实、客观和精练，太感性的描述不宜出现。通常简历的篇幅为 A4 纸版面的一两页，不宜过长，内容不能只有一页半、半页，最好能整理成一页。对于自己独有的经历一定要保留，在著名公司工作、参加著名培训、与著名人物接触等都可以重点突出处理。

条理性：将公司可能雇用你的理由，用自己过去的经历有条理地表达出来。较重点的信息有个人基本资料、工作经历（职责和业绩）、教育与培训经历，次重要的信息有职业目标（这个一定要标示出来）、核心技能、背景概述、语言与计算机能力以及奖励和荣誉信息，其他的信息可不作展示，对于自己的最闪光点可以点到即止，不要过于详细，留在面试时再作详尽的展开。

3）简历模板

网络上有各种各样样式精美的简历模板，如图 1-1 所示，在简历制作过程中可以借鉴。

# 小熊猫

求职意向：市场销售相关工作岗位

- 生日：1988.08.08
- 身高：180cm
- 学历：本科
- 地址：上海市熊猫路888号
- 电话：123-456-7890
- 邮箱：info@tukuppt.com

## 教育背景

2012.9—2016.6　　　　上海熊猫大学　　　　市场营销（本科）

主修课程：统计学、市场营销、国际市场营销、市场调查与预测、商业心理学、广告学等
在校活动：GPA:3.8/4.0　在校四年均保持排名位于专业前10

## 工作经历

2017.9—2019.5　　　　熊猫办公有限公司　　　　市场专员

工作描述：
独立开发新客户，完成客户跟进、签约及后续服务工作；
定期与合作客户进行沟通，与客户建立并维持长期稳定的合作伙伴关系；
会展业务洽谈推广，搜集市场信息和竞争对手信息，展会期间和团队一起完成会场服务工作；
协助落实会展服务实施，协调整合各方资源，确认和执行活动方案，对活动全流程进行管理。

2016.10—2017.6　　　　熊猫办公有限公司　　　　商务助理

工作描述：
在职期间完成销售订单50余单，开拓渠道3家，维系稳定客户12家；
锻炼了销售的商务沟通能力，能够从营销的角度规划销售方案。

## 技能证书

语言技能：英语CET6、日语、韩语
专业技能：熟练掌握营销专业知识，熟悉商务流程，掌握销售技巧
办公技术：熟练使用Office办公软件、Axure RP、Visio

## 自我介绍

工作积极认真，细心负责，熟练运用办公自动化软件，善于在工作中发现问题、提出问题、解决问题，有较强的分析能力；勤奋好学，踏实肯干，动手能力强，认真负责，有很强的社会责任感；坚毅不拔，吃苦耐劳，喜欢和善于迎接新挑战。

图1-1　经典型简历模板

简历模板1

简历模板2

## 2 通信工程项目助理岗位简历的制作

**知识目标**

1. 熟悉 Office 2013 软件的安装过程
2. 熟悉 Word 2013 操作窗口
3. 掌握 Word 表格的绘制方法

任务单

**技能目标**

1. 能够使用 Word 2013 制作表格
2. 完成通信工程项目助理岗位简历的制作

### 2.1 任务描述

小王同学完成了简历的要素编写后,开始制作简历,以备求职之用。小王同学准备用 Word 制作一份简洁、大方的简历,并将其命名为"学号+姓名",如图 1-2 所示。

| 个人简历 | | | | | | | |
|---|---|---|---|---|---|---|---|
| 姓名 | 王×× | 性别 | ×× | 民族 | ×× | 照片 | |
| 出生年月 | ××年××月 | 政治面貌 | ×× | 学历 | ×× | | |
| 专业 | 移动通信 | 籍贯 | ×× | 外语 | ×× | | |
| 移动电话 | ×× | | | 电子邮箱 | ×× | | |
| 求职意向 | 通信工程项目助理 | | | | | | |
| 教育背景 | ××年—××年　××市第一小学<br>××年—××年　××市第一初中<br>××年—××年　××市第一高中<br>××年—××年　××市大学 | | | | | | |
| 主修课程 | 《通信原理》《通信工程办公实务》《移动通信技术》《信号与系统》《光纤通信》《通信工程制图》等 | | | | | | |
| 个人荣誉 | 1. ××年获得校二等奖学金<br>2. ××年获得国家奖学金<br>3. ××年获得优秀学生干部<br>4. ××年获得校园主持人大赛一等奖 | | | | | | |
| 实习 | ××年暑假在××公司兼职行政助理 | | | | | | |
| 自我评价 | 乐观、开朗、上进心强 | | | | | | |

图 1-2 小王同学的简历

## 2.2 任务分析

根据任务要求,小王同学需要用 Word 中的表格功能制作一份针对通信工程助理这一岗位的简历。首先插入表格,然后填入相应内容,再插入照片,最后设置表格的边框。

## 2.3 任务实施

任务实施的具体过程如表 1-1 所示。

Word 表格模板

表 1-1 任务实施的具体过程

| 操作步骤 | 操作过程 | 操作说明 |
|---|---|---|
| 步骤1<br>表格制作 | (1) 单击"插入"选项卡—"表格"—"插入表格"。<br><br>(2) 单元格编辑:合并和拆分单元格,删除行、列和表格。<br>单击"布局"—"行和列""合并"或选中单元格—右键单击。<br>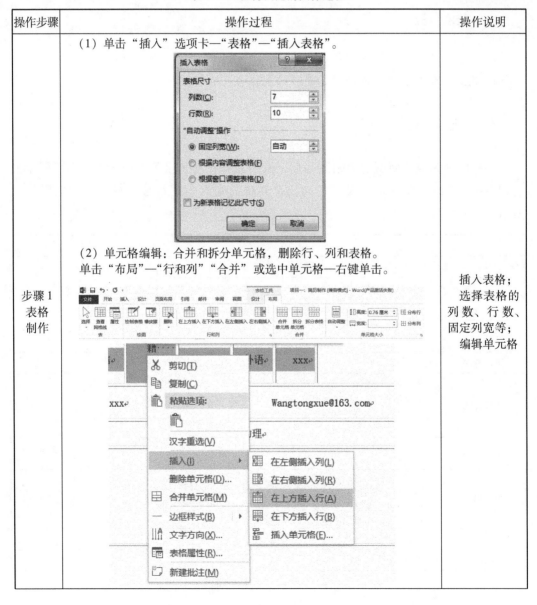 | 插入表格;<br>选择表格的列数、行数、固定列宽等;<br>编辑单元格 |

续表

| 操作步骤 | 操作过程 | 操作说明 |
|---|---|---|
| 步骤2 编辑内容 | （1）在单元格中输入相应的内容，单击"开始"—"字体" 编辑字体；<br>（2）编辑单元格格式，选中单元格—"布局"—"对齐方式" | 编辑内容并设置字体；编辑对齐方式 |
| 步骤3 编辑照片 | （1）"插入"—"图片"—查找照片—"插入"；<br>（2）"格式"—"大小" | 照片插入；照片编辑 |
| 步骤4 设置边框和底纹 | 选中对象—右键单击—"表格属性"—"边框底纹"，或者"设计"—"边框" | 设置边框和底纹使表格美观 |

## 2.4 知识解读

### 2.4.1 Office 2013 软件安装

1. Office 2013 软件下载

打开电脑浏览器，在网页地址栏中输入 https://pan.baidu.com/s/1kXjAYXp，提取码为5vo3，如图1-3、图1-4所示。

图 1-3 网址的输入

图 1-4 提取码的输入

2. Office 2013 软件安装

解压安装包，双击里面的"setup"文件进行安装，如图1-5所示。

3. 软件激活

软件安装完毕后，打开"3. 正版 office 激活工具"文件夹中的"激活请点我"文件，如图1-6所示。听到一句英文就代表激活了，激活后方可正常使用。

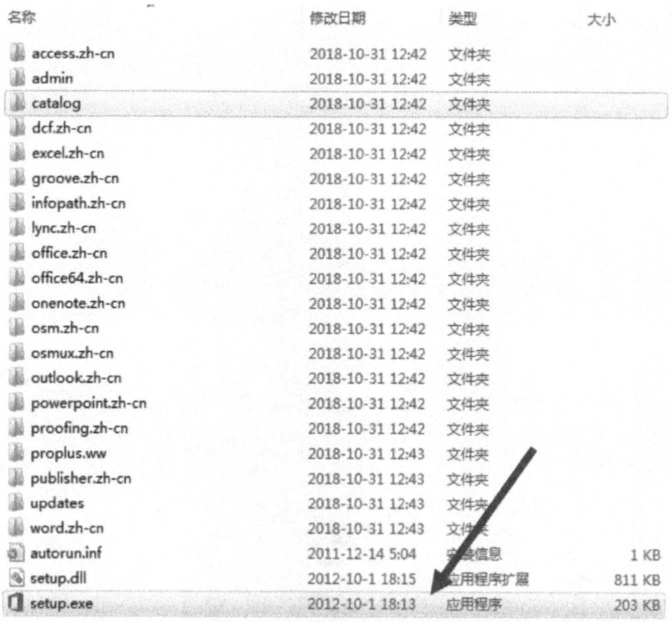

项目一　简历制作

图1-5　安装软件

图1-6　软件激活

安装好软件后，在开始菜单中可以找到Microsoft Office 2013程序文件夹，包括Word 2013、Excel 2013、PowerPoint 2013等，如图1-7所示。

4. 快捷方式创建

为了使用方便，通常将安装程序在桌面上添加快捷方式。创建快捷方式的方法一般有三种：

①在开始菜单中按住右键拖动程序到指定位置就可以创建出快捷方式了（也可以在程序安装目录使用此方法）。

②找到软件的安装目录，右键单击启动程序，选择发送到"桌面快捷方式"。

图1-7 安装程序位置示意图

③在想要创建快捷方式的空白处右键单击,选择"新建"—"快捷方式",单击浏览找到要创建快捷方式的对象,单击"下一步"之后输入快捷方式的名称,单击"完成"。

### 2.4.2 Word 2013 初识

1. Word 2013 常用的启动方式

Word 2013 常用的启动方式有三种:①使用"开始"菜单启动;②使用文档启动;③直接双击桌面快捷图标启动。第③种启动方式更便捷,使用人数较多。

2. Word 2013 常用的退出方式

Word 2013 的退出方式有两种:①单击窗口右上角的关闭按钮;②使用组合键"Alt + F4"进行退出。

3. Word 2013 的窗口界面认识

Word 2013 的窗口界面如图 1-8 所示，界面主要包括快速访问工具栏、菜单按钮、选项标签、功能区、状态栏、视图按钮、标题栏及文档编辑区。

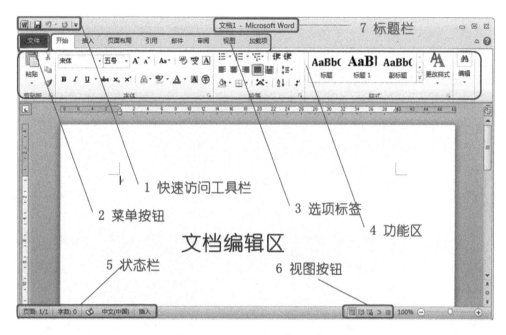

图 1-8　Word 2013 的窗口界面

1)"开始"选项卡

单击"开始"选项卡，在功能区会出现如图 1-9 所示界面。剪贴板中包括剪切、

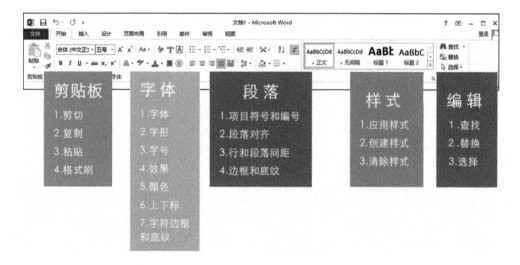

图 1-9　"开始"选项卡

复制、粘贴和格式刷功能;字体中包括字体、字形、字号、效果、颜色、上下标以及字体边框和底纹功能;段落中包括项目符号和编号、段落对齐、行和段落间距、边框和底纹功能;样式中包括应用样式、创建样式和清除样式功能;编辑中包括查找、替换和选择功能。此选项卡中包含的功能是本书中常用的工具。

2)"插入"选项卡

单击"插入"选项卡,在功能区会出现如图 1-10 所示界面。表格中包括插入表格(简历制作中使用)、绘制表格、Excel 表格功能;插图中包括图片、形状、SmartArt(项目二的组织结构图绘制中使用)、屏幕截图等功能;页眉和页脚中包括页眉、页脚、页码功能(文本排版中使用);文本中包括文本框、艺术字、首字下沉等功能;符号中包括公式、符号等功能。

图 1-10 "插入"选项卡

3)"设计"选项卡

单击"设计"选项卡,在功能区会出现如图 1-11 所示界面。文档格式中包括主题、颜色、字体和段落间距功能;页面背景中包括水印、页面颜色和页面边距功能(项目三合同制作中使用)。

4)"页面布局"选项卡

单击"页面布局"选项卡,在功能区会出现如图 1-12 所示界面。页面设置中包括纸张大小、纸张方向、页边距及分栏等功能;段落中包括缩进和间距等功能。

5)"视图"选项卡

单击"视图"选项卡,在功能区会出现如图 1-13 所示界面。视图中包括阅读视图、页面视图、Web 视图、大纲视图和草稿视图功能;显示比例中包括 100%、单页、多页和页宽功能;窗口中包括新建窗口、全部重排及拆分等功能。

项目一 简历制作 13

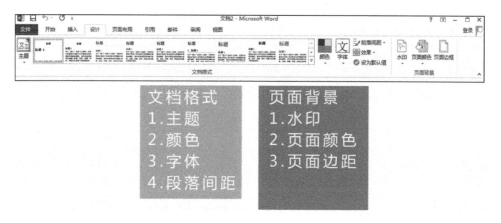

图 1-11 "设计"选项卡

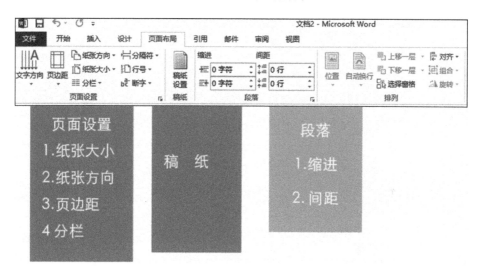

图 1-12 "页面布局"选项卡

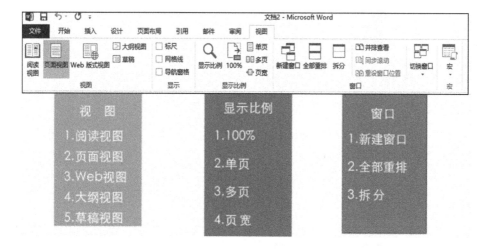

图 1-13 "视图"选项卡

### 2.4.3 绘制 Word 表格

通常都是采用表格和边框工具来绘制表格，或者利用"插入"—"表格"命令来绘制表格。表格的编辑包括内容编辑，行、列和单元格编辑，边框和底纹编辑等。

1. 单元格编辑

1）插入单元格

将光标放在表格内，单击"布局"—"行和列"，或鼠标右键单击—弹出的快捷菜单—将鼠标指针指向"插入"—下拉菜单中单击相应的操作，即可在当前位置进行插入行、列和单元格，如图1-14所示。

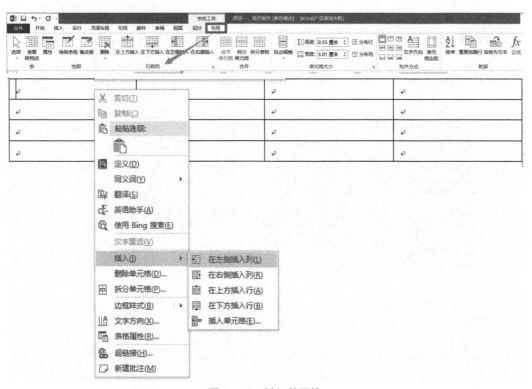

图1-14 插入单元格

注：在插入行或列时也可以将鼠标放至某一行左下端或右上端，当出现"+"号时，单击即可，如图1-15所示。

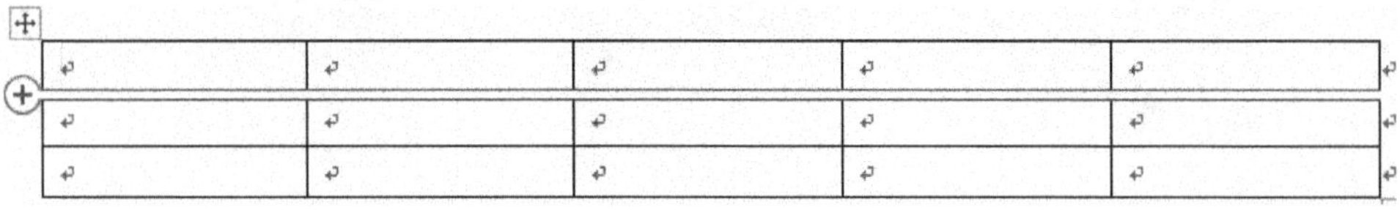

图1-15 单元格快速插入

2）删除单元格

选中单元格、行或列—单击"布局"—"行和列"—"删除"—"下拉菜单"或单击鼠标右键—弹出的快捷菜单—单击"删除单元格""删除行"或"删除列",即可删除相应的单元格、行或列,如图1-16所示。

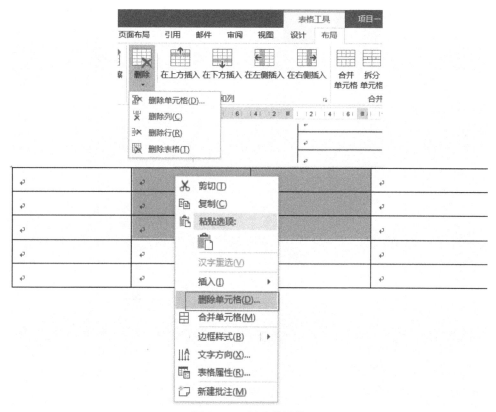

图1-16 删除单元格

3）调整行高和列宽

调整行高和列宽具体操作方法有两种。

方法1：直接用鼠标拖动边框线。将指针移到需调整行高或列宽的边框线上,指针形状变成带有上下小箭头形状时,拖动鼠标改变行高或列宽。

方法2：单击"布局"—"单元格大小"—指定高度和宽度,也可以通过"表格属性"指定高度和宽度,如图1-17、图1-18所示。

图1-17 "布局"调整行高和列宽

图 1-18 "表格属性"调整行高和列宽

4) 拆分、合并单元格

当单元格的数量或大小不合适时，会将一个单元格拆成多个单元格（拆分单元格）或将多个单元格合成一个单元格。

拆分单元格具体操作方法如下：选中需拆分的单元格，单击鼠标右键，在其快捷菜单中单击"拆分单元格"选项，或单击"布局"—"合并"—"拆分单元格"，会弹出对话框设置要拆分的列数和行数，单击"确定"即可，如图 1-19 所示。

合并单元格操作类似。

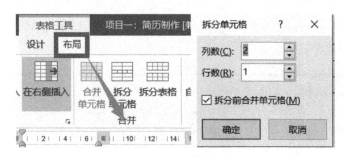

图 1-19 拆分单元格

5）删除表格

删除表格具体操作方法有两种：一种方法是选中表格—按"Backspace"键；另一种方法是右键单击—"删除表格"。

2. 文字编辑

表格中的文字编辑包括字体、字号、字形、颜色、效果编辑等，还有字的对齐方式编辑。

字体、字号、字形、颜色、效果等设置操作方法为：选中单元格—"开始"—"字体"。

对齐方式设置操作方法为：选中单元格—"布局"—"对齐方式"，如图1-20所示。

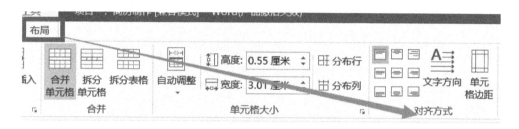

图1-20　对齐方式设置

3. 边框和底纹设置

为了使制作出来的表格整洁、美观或突出重点，通常要对表格的边框和底纹进行设置。设置边框和底纹有两种方法：一种方法是选中表格—"设计"—"边框"/"底纹"，如图1-21所示；另一种方法是选中表格—右键单击—"表格属性"—"表格"—"边框和底纹"，如图1-22、图1-23所示。

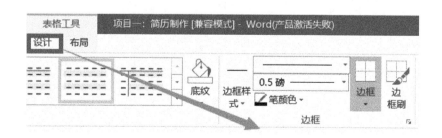

图1-21　"设计"修改边框和底纹

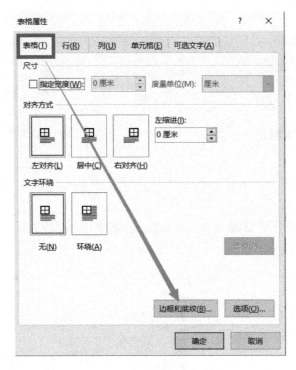

图1-22 "表格属性"对话框

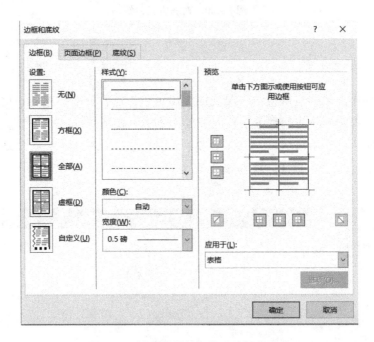

图1-23 "表格属性"修改边框和底纹

## 3　项目小结

1. 通信工程项目助理岗位主要工作内容有：标书、合同、竣工文件、工程图纸等工程文件制作，以及文件的整理与归档等。
2. 通信工程项目助理岗位要求有：具有一定的通信知识、文字处理能力、办公与计算机制图等软件的使用能力。
3. 标准的求职简历主要由基本情况、教育背景、工作经历、个人爱好、个人荣誉等组成。
4. 简历制作时要遵循真实性、针对性、价值性、条理性四个原则。
5. Word 2013 操作窗口主要包括快速访问工具栏、菜单按钮、选项标签、功能区、状态栏、视图按钮、标题栏及文档编辑区。
6. Word 2013 提供了强大的制表功能，既可以自动制表，也可以手动制表，还可以直接插入电子表格。用 Word 软件制作表格，既轻松又美观，既快捷又方便。

## 4　项目作业

1. 通信工程助理应具备哪些能力？
2. 简历包括哪些编写要素？
3. 简历的编写原则是什么？
4. 根据简历制作所学知识，绘制如图 1-24 所示的营销方案统计表。

## 2014年华南区营销方案统计表

区域名称： 　　　　　　　　　　　　　　　　　　　　　年 月 日

| 统计项目 | 统计数据明细 | | | | | | | | | | | | |
|---|---|---|---|---|---|---|---|---|---|---|---|---|---|
| 2014年年度销售目标 | 1月 | 2月 | 3月 | 4月 | 5月 | 6月 | 7月 | 8月 | 9月 | 10月 | 11月 | 12月 | 合计(万元) |
| | 12 | 24 | 40 | 52 | 45 | 78 | 89 | 63 | 74 | 85 | 78 | 44 | 684 |
| 2014年渠道运作目标 | 目前客户数量 | | 待开发客户数量 | | 专营客户数量 | | 兼营客户数量 | | 二批/配送部数量 | | | 终端掌控数量 | |
| | 截至2010年专柜投放数量 | | | 截至2010年白柜整合数量 | | | 2010年专柜计划投放数量 | | | 2010年白柜计划整合数量 | | | |
| | 截至2010年商超开发数量 | | | 截至2010年餐饮渠道开发数量 | | | 2010年商超计划开发数量 | | | 2010年餐饮渠道开发数量 | | | |
| 2014年产品运作目标 | 截至2010年畅销产品（前三名） | | | | | | 截至2010年滞销产品（前三名） | | | | | | |
| | 品牌 | 数量 | | 原因 | | | 品牌 | 数量 | | 原因 | | | |
| | | | | | | | | | | | | | |
| | | | | | | | | | | | | | |
| | | | | | | | | | | | | | |
| 2014年财务预算目标 | 工资费用预算 | | 广告发布费用预算 | | 加班工资费用预算 | | | 其他费用预算 | | 费用预算合计(单位:万元) | | | |
| 2014年客户管理目标 | 客户冷库体积(立方米) | | 客户配送机动车辆数量 | | | 客户配送人员数量 | | | 直接服务二批数量 | | | | |

图1-24　营销方案统计表

测试题

# 项目二 投标（应答）文件制作

投标文件是指投标人应招标文件要求编制的响应性文件，一般由商务文件、技术文件、报价文件和其他部分组成。本项目以某移动公司室分系统整治项目为例，详细介绍了投标文件制作的基本方法和技巧。

## 1 通信工程投标（应答）文件内容的编辑

### 知识目标

1. 了解通信工程投标过程
2. 熟悉投标（应答）文件主要内容及编制方法
3. 掌握键盘、指法、输入法操作及正确的打字姿势
4. 掌握文档页面设置、图片格式设置等 Word 功能的使用方法

标书版式及内容制作

### 技能目标

1. 能够编辑文档
2. 能够正确使用电脑键盘
3. 能够运用输入法和正确的打字姿势编辑文档
4. 能够对 Word 文档的页面、图片格式进行设置
5. 能够快速编辑投标（应答）文件的内容

任务单

### 1.1 任务描述

小王同学通过自己的努力，已经成功应聘上×××公司通信工程项目助理这一岗位。小王同学性格开朗，做事认真，同事们都亲切地叫她小王。小王接到的第一项任

务就是制作某移动公司室分系统整治项目投标文件,并以"学号+某移动公司室分系统整治项目应答文件"命名。

## 1.2 任务分析

根据任务描述,小王想要做好通信工程投标(应答)文件,首先要认真阅读招标文件,准备招标文件中所需的工程资料;然后新建 Word 文档并将其命名为"学号+某移动公司室分系统整治项目应答文件";再进行页面设置,并将招标文件中要求的内容填入相应的位置;最后存盘。

## 1.3 任务实施

制作投标文件的实施过程如表 2-1 所示。

表 2-1 制作投标文件的实施过程

| 操作步骤 | 操作过程 | 操作说明 |
| --- | --- | --- |
| 步骤1<br>准备<br>资料 | (1)随时关注相关招标动态和信息;<br>(2)到指定的地点报名索取招标文件;<br>(3)仔细研读招标文件,收集整理相关资料 | 获取招标文件时,需提供招标广告要求的相关材料 |
| 步骤2<br>新建<br>Word<br>文档 | 方法一:双击 Word 快捷方式,单击"文件"选项卡,选择"新建"中的"空白文档",单击"创建",即可建立一个空白文档。<br><br>方法二:在任意路径下,右键单击—"新建"—"Microsoft Word 文档" | 新建 Word 文档还有其他方式 |

续表

| 操作步骤 | 操作过程 | 操作说明 |
|---|---|---|
| 步骤2<br>新建<br>Word<br>文档 | | 新建 Word 文档还有其他方式 |
| 步骤3<br>Word<br>文档<br>命名 | 方法一：利用"另存为"文档存盘时直接重命名；<br>方法二：选中文档—右键单击—"重命名"—"修改文件名称" | 以"学号+某移动公司室分系统整治项目应答文件"命名文档 |
| 步骤4<br>页面<br>设置 | 单击"页面布局"选项卡—"页面设置"—"纸张大小"和"纸张方向"进行页面设置 | 纸张大小选择"A4"，纸张方向选择"纵向" |
| 步骤5<br>存盘 | （1）不改变存储路径：①快捷访问工具栏中的图标；②组合键"Ctrl+S"；③"文件"—"保存"。<br>（2）改变存储路径："文件"—"另存为"—"浏览"—另存为对话框 | 储存到 E 盘"通信工程办公实务"文件夹下 |

## 1.4 知识解析

### 1.4.1 招投标认识

1. 投标过程

随时关注相关招标动态和信息，如果有适合本公司的项目，可拿招标广告要求提供的资料到指定的地点报名索取招标文件；然后仔细研读招标文件，根据招标文件中的要求编写投标文件。就像填空题一样，要什么给什么。但是一定要熟悉本行业，例如市场报价、施工内容、施工规范、验收规范等。

2. 招标的形式

招标有公开招标、邀请招标、竞争性谈判、比选和建设－经营－转让（Build－Operate－Transfer，BOT）项目招标五种典型的形式。

1）公开招标

公开招标是指招标人在公开媒介上以招标公告的方式邀请不特定的法人或其他组织参与投标，并在符合条件的投标人中择优选择中标人的一种招标方式。国际上，政府采购通常采用这种方式。

《中华人民共和国招标投标法》第三条规定：在中华人民共和国境内进行下列工程建设项目包括项目的勘察、设计、施工、监理以及与工程建设有关的重要设备、材料等的采购，必须进行招标：

①大型基础设施、公用事业等关系社会公共利益、公众安全的项目；
②全部或者部分使用国有资金投资或者国家融资的项目；
③使用国际组织或者外国政府贷款、援助资金的项目。

2）邀请招标

现行法律下有两种意义的邀请招标：在招标投标中的邀请招标是指招标人以投标邀请书的方式邀请特定的法人或者其他组织投标；在政府采购中的邀请招标是指货物或者服务项目采购人在省级以上人民政府财政部门指定的政府采购信息媒体发布资格预审公告，公布投标人资格条件，经过对投标人的资格进行审查，采购人从评审合格的投标人中通过随机方式选择3家以上的投标人作为正式的投标人，向其发出投标邀请书邀请其参与投标。

3）竞争性谈判

竞争性谈判是指采购人或者采购代理机构直接邀请3家以上供应商就采购事宜进

行谈判的采购方式。竞争性谈判采购方式的特点有：一是可以缩短准备期，能使采购项目更快地发挥作用；二是可以减少工作量，省去了大量的开标、投标工作，有利于提高工作效率，减少采购成本；三是供求双方能够进行更为灵活的谈判；四是有利于对民族工业进行保护；五是能够激励供应商自觉将高科技应用到采购产品中，同时又能转移采购风险。

谈判小组由采购代表和有关专家共三人以上的单数组成，其中专家的人数不得少于成员总数的三分之二。

谈判文件中至少应当明确谈判程序、谈判内容、合同草案的条款以及评定标准等事项。谈判须在财政部门指定的政府采购信息发布媒体上发布公告。公告至谈判文件递交截止时间一般不得少于5天，采购数额在300万元以上、技术复杂的项目一般不得少于10天。

4）比选

比选招标是指比选人或比选代理人事先公布出条件和要求，从自愿报名参加比选的申请人中按照规定方式，邀请特定数量的法人或者其他经济组织参加招标的项目竞争，通过比较，选择并最终确定中选的活动过程。

5）BOT

BOT是指政府通过契约授予私营企业（包括外国企业）以一定期限的特许专营权，许可其融资建设和经营特定的公用基础设施，并准许其通过向用户收取费用或出售产品以清偿贷款，回收投资并赚取利润。特许权期限届满时，该基础设施无偿移交给政府。

## 1.4.2 认识键盘

键盘可大致分为功能键区、主键盘区、编辑控制键区、小键盘区及状态指示灯区5个键位区，如图2-1所示。

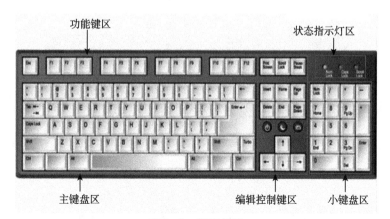

图2-1 键盘分区

1. 键盘指法

键盘正中央有 8 个基本键,即左边的"A、S、D、F"键,右边的"J、K、L、;"键,如图 2-2 所示。其中,F、J 两个键上都有一个凸起的小棱杠,以便于盲打时手指能通过触觉定位。

图 2-2　8 个基本键

打字之前要将左手的食指、中指、无名指、小手指分别放在"F、D、S、A"键位上,将右手的食指、中指、无名指、小手指分别放在"J、K、L、;"键位上,双手的拇指都放在空格键位上。正确指法如图 2-3~图 2-5 所示。

图 2-3　正确指法图

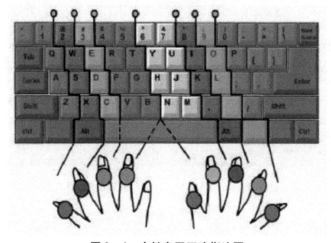

图 2-4　主键盘区正确指法图

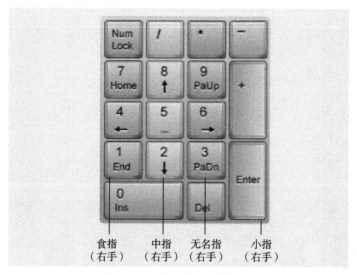

图 2-5 小键盘区正确指法图

2. 正确的打字姿势

头正、颈直、身体挺直,身体正对屏幕,调整屏幕使得键盘与屏幕并排。眼睛平视屏幕,保持 30~40 厘米的距离,屏幕第一行字在视线下约 3 厘米,使眼睛舒服,每隔 10 分钟视线从屏幕上移开一次。手肘高度和键盘平行,手腕不要靠在桌子上,双手要垂直放在键盘上,手臂自然下垂时,膝后微高过椅以便血液运行。正确打字姿势如图 2-6 所示。

图 2-6 正确打字姿势

### 1.4.3 创建、保存 Word 文档

**1. 创建 Word 文档操作方法**

方法1：单击"文件"选项卡—"新建"—"空白文档"—"创建"，即可建立一个空白文档，如图2-7所示。

方法2：在 Word 中，将"新建"命令添加到快速访问工具栏上，之后单击快速访问工具栏上的"新建"命令，同样可以创建一个新的空白文档。

方法3：在任意路径下，右键单击—"新建"—"Microsoft Word 文档"即可。

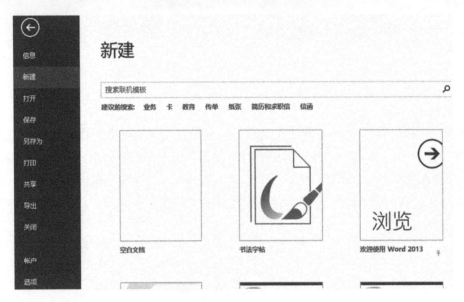

图2-7 创建文档

**2. 保存文档操作方法**

方法1：使用工具栏"保存"按键。

方法2：用"文件"菜单栏里的"保存"命令。

方法3：用组合键"Ctrl+S"。

方法4：用"文件"菜单栏里的"另存为"命令，可以改变文件存储路径、修改文件名字、改变文件存储类型等。

### 1.4.4 页面布局

"页面布局"选项卡中可以对文字方向、页边距、纸张大小、版式等进行设置，如图2-8所示。单击"页面格式选项"出现"页面设置"对话框，如图2-9所示。

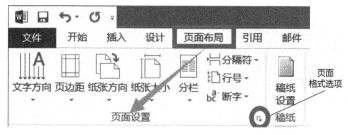

图 2-8 页面布局

图 2-9 "页面设置"对话框

（1）页边距：正文和纸张边缘之间的这段空白距离。千万不要小看这个页边距，它在文档排版时是非常重要的。设置的太窄，会影响文档修订；设置的太宽，又影响美观。所以建议在文档排版前，先设置好页边距，因为文档中内容已经排版好再来修改页边距很容易造成内容版式的错乱。页边距的设置：单击"页面布局"—"页边距"，如图 2-10 所示，这里已经有几个自带的设置；也可以单击"自定义边距"，如图 2-9 所示，设置上、下、左、右边距及装订线，设置好了单击"确定"即可。

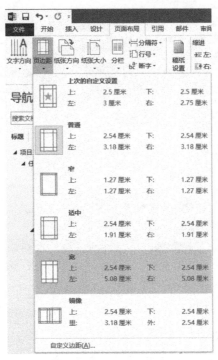

图 2–10　页边距设置

（2）纸张方向：可以设置纸张是"纵向"还是"横向"，平时使用的比较多的是"纵向"，不过制作表格或者显示图片的时候，可以采用"横向"显示。

（3）纸张大小：一般设置为"A4"，当然，也可以根据需要重新设定。

（4）分栏：很多杂志、报纸在排版时将内容分成了几栏，因为分栏后不但方便阅读，而且整个页面也更有特色和观赏性。"页面布局"选项卡中找到"分栏"，在这里可以快速把文档设置成两栏、三栏，还有偏左和偏右，如图 2–11 所示。

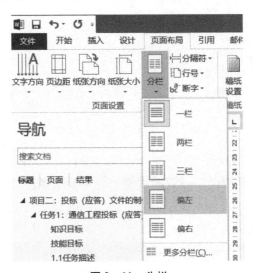

图 2–11　分栏

除了这几个简单的分栏,还可以选择"更多分栏",这里把栏数分成 4 个,如图 2 - 12 所示,这样文档已经变成 4 栏了。不过,这几栏有宽有窄,阅读起来很别扭,设置分栏的宽度和间距,也可以直接勾选"栏宽相等",这样分栏的宽度就一样了。

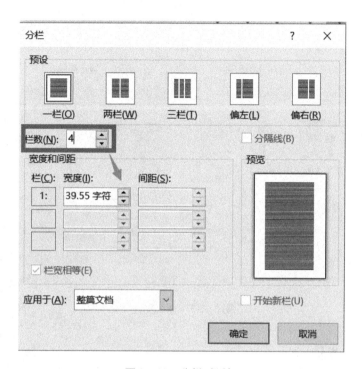

图 2 - 12　分栏对话框

虽然每栏的宽度一样了,有时页面的内容因为没有足够的文本出现栏间不平衡的现象,极大影响了页面的美观。把光标定位在页面最后,找到"页面设置"组中的"分隔符",选择"连续",可以看到这 4 栏内容差不多了。

### 1.4.5　图片格式设置

图文并茂的文档,会给人留下深刻的印象,下面介绍怎么在 Word 文档中插入图片及设置图片格式。

#### 1. 插入图片的方法

打开文档,将光标定位到需要插入图片的地方,然后在"插入"选项卡"插图"组中单击"图片",打开"插入图片"对话框,选择图片后,单击"插入"即可,如图 2 - 13 所示。

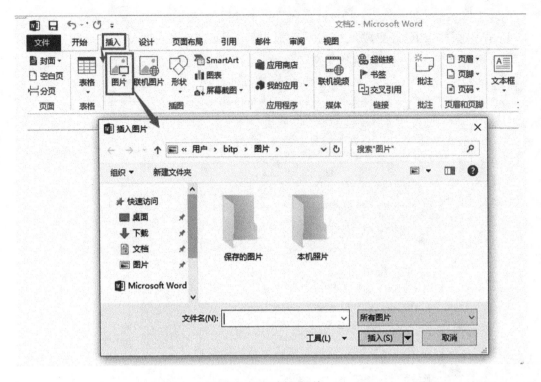

图 2-13　插入图片

2. 调整图片的大小

（1）鼠标调整法：选中图片，这时候图片周边会显示控制点，鼠标光标放在合适的控制点上，按住鼠标拖动来调整。

（2）功能区设置：选中图片，在"图片工具—格式"选项卡"大小"组中，设置"高度"和"宽度"，输入合适的值即可，如图 2-14 所示。

说明：在"图片工具—格式"选项卡"大小"组中，单击"剪裁"，然后调整图片大小，可以手动剪裁、剪裁为形状、纵横比、填充、调整等。

3. 调整图片位置

选中图片，在"图片工具—格式"选项卡"排列"组中，单击"位置"，在打开列表中，选择合适的位置，如图 2-15 所示。

4. 自动换行

选中图片，在"图片工具—格式"选项卡"排列"组中，单击"自动换行"，在打开列表中，选择合适的方式。

图片,在"图片工具—格式"选项卡"大小"组,设置"高度"和"宽度"即可,如图 2-13 所示。

"格式"选项卡"大小"组,单击"剪裁",然后来调整图片大小、形状、纵横比、填充、调整等。

图 2-13 图片大小设置

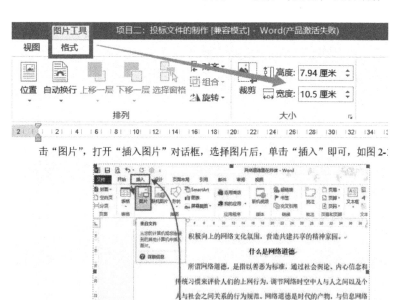

图 2-14 图片大小设置

工具-格式"选项卡"位置",在打开列表如图 2-14 所示。

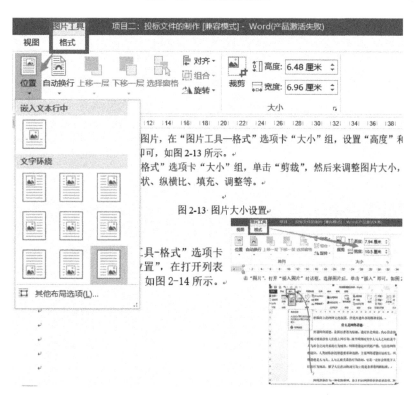

图 2-15 图片位置设置

### 5. 旋转图片

选中图片，在"图片工具—格式"选项卡"排列"组中，单击"旋转"按钮，在打开列表中，选择合适的方式。

### 6. 图片样式设置

选中图片，在"图片工具—格式"选项卡"图片样式"组中，可以选择预设样式，也可以分别设置"图片边框""图片效果""图片版式"等。

### 7. 调整图片

选中图片，在"图片工具—格式"选项卡"调整"组中，可以删除图片背景、设置图片颜色及艺术效果等。

## 1.4.6 项目符号的插入

在文档段落中往往会做一些标记，这就要用到项目符号，在指定的位置插入项目符号，能起到醒目的效果。

将鼠标放在要插入项目符号的位置，单击"开始"选项卡，选择"段落"功能区的项目编号或项目符号，如图2-16所示。

图2-16 插入项目符号

## 1.4.7 输入法的选择

用户在系统安装好的输入法中选择自己熟悉的输入法，其方法如下：

①鼠标单击语言栏上的小键盘图标，弹出输入法列表菜单，如图2-17所示；

②在输入法列表菜单中单击用户所需的输入法；

③使用组合键"Ctrl+Shift"进行输入法切换。

图2-17 输入法选项

### 1.4.8 文本的选中

（1）选中词语：将插入点放置在文档某词语或单词中间，双击鼠标左键即可选中该词语或单词。

（2）选中单行：将光标移动到需要选择行的左侧空白处，当鼠标变为箭头形状时，单击鼠标左键，即可选中该行。

（3）选中段落：

方法1：将光标移动到需要选择段落的左侧空白处，当鼠标变为箭头形状时，双击鼠标左键，即可选中该段落。

方法2：在要选择的段落中快速单击三次鼠标左键即可将该段落选中。

（4）选中区域：拖动鼠标选中区域即可，可以从前往后操作，也可以从后往前操作。

（5）选中全文：将光标移动到文章的左侧空白处，当鼠标变为箭头形状时，快速单击鼠标左键三次，即可选中全文。

（6）快捷键选择文本：

①"Shift+上箭头"或"Shift+下箭头"，可以选中从插入点向上或向下的一整行。

②"Shift+Home"或"Shift+End"，可选中从插入点起至本行行首或行尾之间的文本。

③"Ctrl+Shift+Home"或"Ctrl+Shift+End"，可选中从插入点起至文档开始或结尾之间的文本。

④按住"Shift"键单击鼠标可以选中起始点与结束点之间的所有文本；按住"Ctrl"键单击鼠标，可以选中不连续的文本。

⑤"Shift+A"，可选中全文。

### 1.4.9 文本的复制、移动和删除

1. 文本的复制

文本的复制方法有两种：一种是选中内容后，单击鼠标右键，选择"复制"选项，如图2-18所示；另一种是选中内容后，使用组合键"Ctrl+C"，进行复制。

2. 文本的移动

文本的移动方法有两种：一种是选中内容后，直接拖动；另一种是选中内容后，单击鼠标右键，选择"剪切"，然后把光标移动到需要的位置，选择鼠标右键，单击

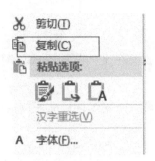

图 2-18 文本的复制

"粘贴",如图 2-19 所示。

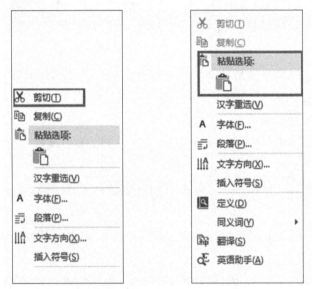

图 2-19 文本的粘贴

3. 文本的删除

文本的删除方法有两种:一种方法是选中内容后,按键盘的"Backspace"键;另一种方法是选中内容后,按键盘的"Delete"键。

**1.4.10 撤销与恢复**

如果不小心删除了一段需要的文本,可通过单击"自定义快速访问工具栏"中的"撤销"按钮,恢复刚刚删除的内容。如果又要删除该段文本,则可以单击"自定义快速访问工具栏"中的"恢复"按钮进行文本的恢复,如图 2-20 所示。

项目二 投标(应答)文件制作 37

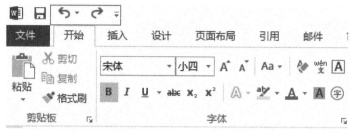

图 2-20 "撤销"与"恢复"按钮

## 2 通信工程项目预算表的制作

测试题

通信工程项目预算是对工程项目在未来一定时期内的收入和支出情况所做的计划，是投标文件中的重要组成部分。本项目以×××公司室分系统整治项目代维项目利润测（核）算表为例，详细介绍了通信工程项目预算表的制作方法及 Excel 2013 的使用方法。

### 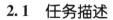 知识目标

1. 了解预算表的组成
2. 熟悉 Excel 2013 的操作环境
3. 掌握 Excel 表格内容的录入方法
4. 掌握单元格格式编辑方法
5. 掌握简单的函数编辑方法

工程预算表制作

### 技能目标

1. 能够读懂预算表
2. 能够对 Excel 表格格式进行编辑
3. 能够使用 Excel 的函数功能编辑简单函数
4. 能够按要求制作通信工程项目预算表

### 2.1 任务描述

任务单

小王所在的通信公司承接了×××公司室分系统整治项目，现在公司需要小王制作一份×××公司室分系统整治项目代维项目利润测（核）算表，如图 2-21 所示。将制作完成的预算表以"学号+代维项目预算表"命名，存到"×××公司室分系统整治项目"文件夹中，并将其插入投标（应答）文件中。

## 代维项目利润测（核）算表

| 客户名称： | | 项目名称： | ▓▓▓市公司室分系统整治项目 | | |
|---|---|---|---|---|---|
| 项目周期：签订合同后至20151231 | | 填报部门： | | 填报日期： | |
| 序号 | 项目 | 金额（元） | 分项名称 | 分项金额 | 备注 |
| | | | 一、收入 | | |
| 1 | 代维合同金额 | ¥250,000.00 | / | / | 代维收入合计 |
| 1.1 | 备品备样收入 | ¥0.00 | / | / | 备品备样销售 |
| 1.2 | 代维服务收入 | ¥250,000.00 | / | / | 代维服务销售 |
| 2 | 服务税金及附加 | ¥16,800.00 | / | / | 服务税金及附加=((C7/1.17-C31)*0.17+ C8/1.06*0.06)*1.12 |
| 3 | 代维合同净收入 | ¥233,200.00 | | | |
| | | | 二、成本及费用 | | |
| 4 | 人工费用 | ¥7,150.00 | 工资和福利 | ¥7,150.00 | 包括工资和福利 |
| | | | 培训费用 | ¥0.00 | 包括代维培训、代维资格证费用 |
| 5 | 固定资产折旧 | ¥0.00 | 代维年限 | 1 | 公用固定资产：5年折旧并计算合同期折旧 |
| | | | 代维年限 | 1 | 专项新增固定资产：全额计算折旧 |
| 6 | 办公费 | ¥600.00 | / | / | 标书制作费 |
| 7 | 低值易耗品 | ¥0.00 | / | / | 填写此代维项目不作为固定资产核算的各种用具、工具等费用 |
| 8 | 运杂费 | ¥0.00 | / | / | 填写此代维项目装卸费、搬运费、保管费等 |
| 9 | 维修费 | ¥0.00 | / | / | 填写此代维项目固定资产维修费用 |
| 10 | 邮电费 | ¥900.00 | 移动话费 | ¥400.00 | Σ（月费用×月数）·200元/人·月 |
| | | | 固定话费 | ¥100.00 | Σ（月费用×月数）·按100元/月结算 |
| | | | 网络使用费 | ¥200.00 | Σ（月费用×月数）·按100元/月结算 |
| | | | 邮寄费 | ¥200.00 | Σ（月费用×月数）·按100元/月结算 |
| 11 | 按照、维修费 | ¥2,000.00 | 施工费 | ¥0.00 | Σ（月费用×月数）·按100元/月结算 |
| | | | 工程辅料费 | ¥0.00 | Σ（月费用×月数）·按500元/月结算 |
| | | | 工程运输费 | ¥2,000.00 | Σ（月费用×月数）1.含人员交通费：500元/人·月 2.租车费、邮费、路桥费等运营费用 |
| 12 | 租赁费 | ¥5,100.00 | 办公租赁费 | ¥5,100.00 | Σ（月租金×月数） |
| | | | 仓库租赁 | ¥0.00 | Σ（月租金×月数） |
| | | | 员工宿舍租赁 | ¥0.00 | Σ（月租金×月数） |
| 13 | 差旅费 | ¥0.00 | | | 月费用×月数 |
| 14 | 备品备件成本 | ¥0.00 | 设备金额 | ¥0.00 | 以公司内部结算价为计算基础 |
| | | | 设备维修费 | ¥0.00 | Σ设备内部结算价×代维数量×故障率（5%）×费用率 |
| 15 | 准备金 | ¥15,000.00 | 财务准备金 | ¥2,500.00 | 代维收入合计（3）×1% |
| | | | 考核准备金 | ¥12,500.00 | 代维收入合计（3）×N，N取值范围为：0%~30%，根据具体项目情况预估，默认取5% |
| 16 | 业务费 | ¥7,500.00 | 前期业务费 | ¥2,500.00 | 项目正式中标（或立项）之前（项目跟踪、投标、合同）发生费用 |
| | | | 后期业务费 | ¥5,000.00 | 项目实施中（含回款）发生费用Σ（月费用×月数） |
| 17 | 外包费用 | ¥162,500.00 | / | / | 外包费用、中标服务费、返点费用、标书购买费 |
| | 标书购买费 | ¥900.00 | | | |
| | 中标服务费 | ¥0.00 | | | |
| | 成本及费用合计 | ¥201,650.00 | | | |
| | | | 三、利润 | | |
| 18 | 利润额 | ¥31,550.00 | / | / | 维护费净收入-费用开支合计 |
| 19 | 利润率 | 12.62% | / | / | 利润额/代维合同收入 |

图 2-21 代维项目利润测（核）算表

## 2.2 任务分析

根据任务要求，在制作预算表前要先确定代维项目利润测（核）算表中包含收入、成本及费用、利润三大项所包含的内容,然后建立预算表文档,填入每项中需要的参数并计算,再进行 Excel 表格格式设置,最后将工作表重命名并存盘。

## 2.3 任务实施

| 操作步骤 | 操作过程 | 操作说明 |
| --- | --- | --- |
| 步骤1<br>确定项目<br>及金额 | 确定预算表中包含的各项目及其相应金额及计算方法 | 请教工程预算人员 |
| 步骤2<br>建立<br>预算表 | (1)新建 Excel 表格:在"×××公司室分系统整治项目"文件夹中右键单击—"新建"—新建 Microsoft Excel 工作表,然后命名为"学号+代维项目预算表"。<br>(2)重命名:选中文件—右键单击—"重命名"—输入文件名称 | 新建 Excel 表格时可以直接命名 |
| 步骤3<br>合并<br>单元格 | 方法1:选中需要合并的单元格后,右键单击,选择"设置单元格格式"命令,然后在"单元格格式"对话框中选择"对齐"选项卡,选中"合并单元格",最后单击"确定"按钮。<br>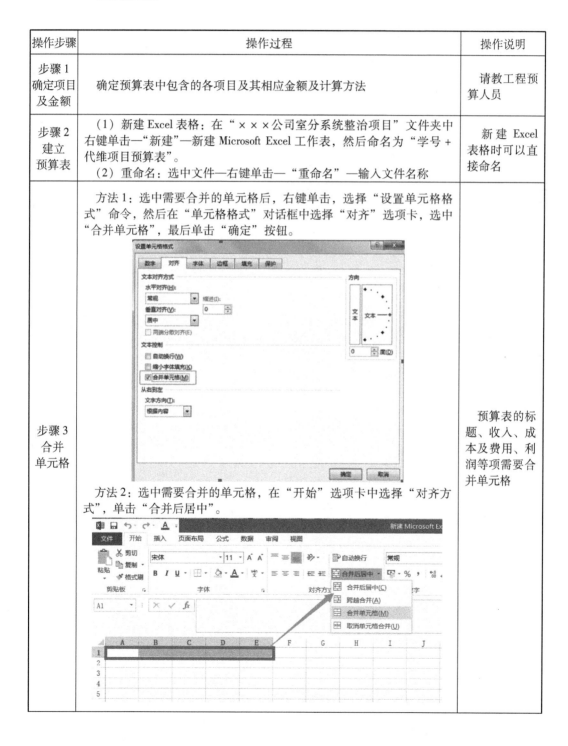<br>方法2:选中需要合并的单元格,在"开始"选项卡中选择"对齐方式",单击"合并后居中"。 | 预算表的标题、收入、成本及费用、利润等项需要合并单元格 |

| 操作步骤 | 操作过程 | 操作说明 |
|---|---|---|
| 步骤4 内容录入 | （1）"序号"输入：将鼠标放在该单元格右下角，变成十字形时向下拉。<br><br>（2）"金额（元）"输入：选中单元格—右键单击—设置单元格格式—"数字"—"货币"。<br><br>（3）符号输入：<br>①"／"符号：用"Shift"键进行中英文切换，切换到"英文"输入法，按"?"键；<br>②"∑"符号："插入"选项卡—"符号"—"数学运算符"—选择正确的符号—"插入"。<br><br>（4）其他内容正常输入即可 | 可以复制单元格，也可以填充序列 |

续表

| 操作步骤 | 操作过程 | 操作说明 |
|---|---|---|
| 步骤5<br>公式<br>编辑 | （1）代维合同净收入金额：选中单元格 C10，输入 = C6 – C9，回车即可。<br><br>（2）成本及费用合计：选中单元格 C44，单击"$f_x$"，选择"SUM"函数，单击"确定"按钮，框选 C12：C43，确定即可。<br><br>（3）利润额及利润率计算参照（1）中的方法 | 简单函数编辑 |
| 步骤6<br>单元格<br>格式<br>设置 | 选定整个表格—右键单击—选择"设置单元格格式"<br>对齐：水平对齐根据图 2–21 设置各单元格"居左""居中"或"居右"，垂直对齐"居中"；<br>字体：字体"宋体（正文）"，字形"常规"，字号"12"；<br>边框：外边框"粗线"，内框"细线"；<br>填充：选中单元格，选择填充颜色；<br>最后单击"确定"按钮即可 | 表格边框设置时要选择条样式，再选边框 |
| 步骤7<br>重命名<br>工作表 | 方法 1：双击"Sheet1"，"Sheet1"变成灰色，输入新的名字；<br>方法 2：右键单击"Sheet1"—选择"重命名"—输入新的名字 | |

## 2.4 知识解析

### 2.4.1 工程预算表

工程预算是对工程项目在未来一定时期内的收入和支出情况所做的计划。它可以通过货币形式来对工程项目的投入进行评价并反映工程的经济效果。它是加强企业管理、实行经济核算、考核工程成本、编制施工计划的依据,也是工程招投标报价和确定工程造价的主要依据。

工程项目预算表包括收入、成本及费用、利润三项内容。

### 2.4.2 Excel 工作环境认识

Microsoft Excel 是一套功能完整、操作简易的电子计算表软体,提供了丰富的函数及强大的图表、报表制作功能,能高效率地建立与管理资料。

1. 启动 Excel

方法1:执行"开始/所有程序/Microsoft Office/Microsoft Excel 2010"命令启动 Excel。

方法2:双击已有 Excel 快捷图标来启动 Excel。

2. Excel 操作界面介绍

启动 Excel 后,可以看到如图2-22所示操作界面。

1)功能页次

Excel 中所有的功能操作分为8大选项卡,包括文件、开始、插入、页面布局、公式、数据、审阅和视图。各选项卡中收录相关的功能群组,方便使用者切换、选用。例如,"开始"选项卡就是基本的操作功能,如字型、对齐方式等设定,只要切换到该功能选项卡就可看到其中包含的内容。

2)功能区

视窗上半部的面板称为功能区,放置了编辑工作表时需要使用的工具图标。开启 Excel 时预设会显示"开始"选项卡下的工具图标,当选择其他的功能选项卡,便会显示该选项卡所包含的图标,如图2-23所示。

项目二 投标（应答）文件制作

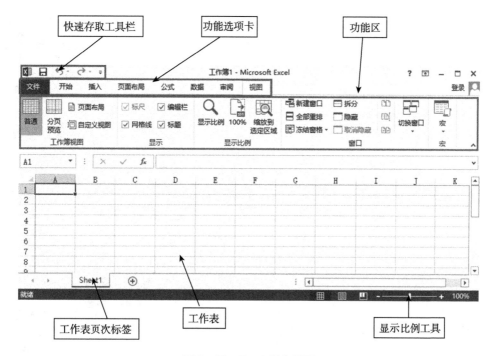

图 2-22　Excel 操作界面

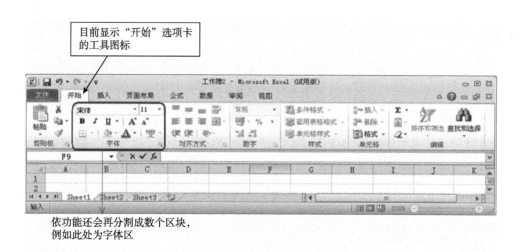

图 2-23　"开始"功能区

当要进行某一项工作时，就先点选功能区上方的功能选项卡，再从中选择所需的工具图标。例如，想在工作表中插入 1 张图片，便可单击"插入"选项卡，再单击"图例"区中的"图片"，如图 2-24 所示，即可选取要插入的图片。

另外，为了避免整个画面太凌乱，有些选项卡标签会在需要使用时才显示。例如，在工作表中插入一个图表物件后，与图表有关的工具才会显示出来，如图 2-25 所示。

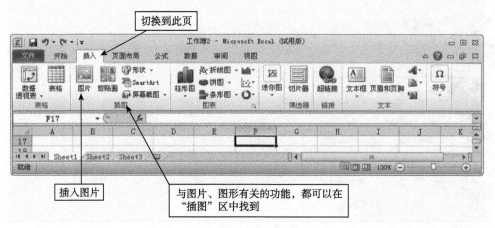

图 2-24 插入功能区

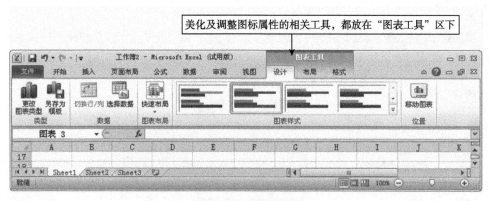

图 2-25 图表工具

除了使用鼠标点选选项卡标签及功能区内的图标外，也可以按一下键盘上的 Alt 键，即可显示各选项卡标签的快速键提示信息。当按下选项卡标签的快速键之后，会用显示功能区中各功能图标的快速键，可以用键盘来进行操作，如图 2-26 所示。

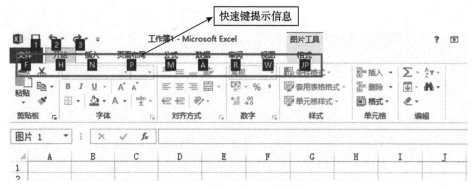

图 2-26 标签快速键

在功能区中单击 图标，还可以开启专属的【交谈窗】或【工作窗格】来做更细节的设定。

例如，我们想要美化储存格的设定，就可以切换到"开始"选项卡，单击"字体"区右下角的图标，开启储存格格式交谈窗来设定，如图 2-27 所示。

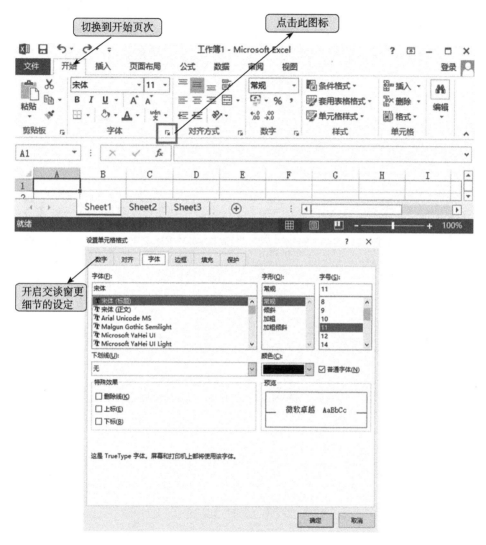

图 2-27　字体设置细部

3）隐藏与显示"功能区"

如果觉得功能区占用太大的版面位置，可以将"功能区"隐藏起来。隐藏"功能区"的方法如图 2-28 所示。

将"功能区"隐藏起来后，要再度使用"功能区"时，只要将鼠标移到任一个页次上单击一下即可开启。然而当鼠标移到其他地方再单击一下左键时，"功能区"又会自动隐藏了。如果要固定显示"功能区"，请在选项卡标签上单击右键，取消最小化功能区项目，如图 2-29 所示。

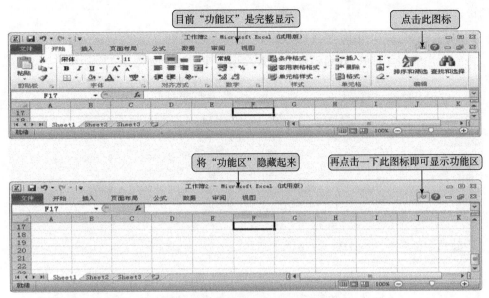

图 2-28 "隐藏功能区"的方法

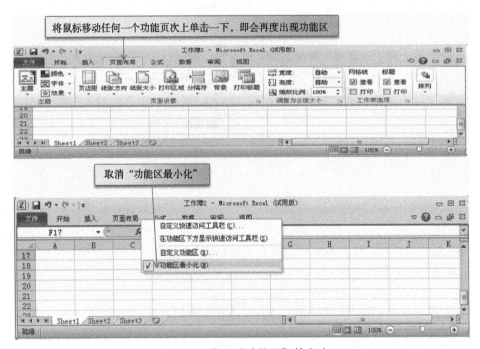

图 2-29 显示"功能区"的方法

4)"文件"选项卡

在 Excel 主视窗的左上角,有一个特别的绿色选项卡,就是"文件"选项卡,单击该选项卡可以执行与文件有关的命令,如新建文件、打开旧文件、打印、保存及传送文件等。"文件"选项卡除了执行各项命令外,还会列出最近曾经打开及储存过的文件,方便再度打开,如图 2-30 所示。

项目二 投标（应答）文件制作

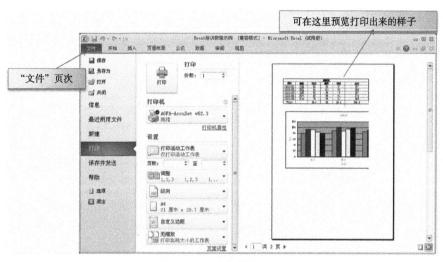

图 2-30 "文件"页次

5）快速存取工具栏

"快速存取工具栏"顾名思义就是将常用的工具摆放于此，帮助快速完成工作。预设的"快速存取工具栏"只有3个常用的工具，分别是"存储文件""复原"及"取消复原"，如果想将自己常用的工具也加入此区，请单击 进行设定，如图 2-31 所示。

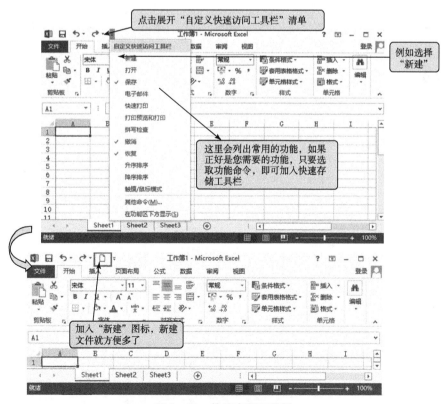

图 2-31 快速存取工具栏

如果经常使用的命令不在清单中,可执行"其他命令"命令,开启"Excel 选项"对话框设定,如图 2-32 所示。

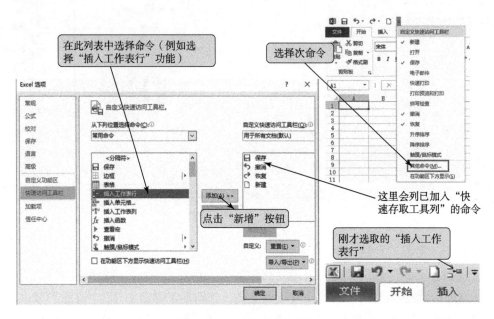

图 2-32　其他命令添加步骤

调整"快速存取工具栏"的位置:单击▼按钮还可设定工具栏的位置。如果选择"在功能区下方显示"命令,可将"快速存取工具栏"移至"功能区"下方,如图 2-33 所示。

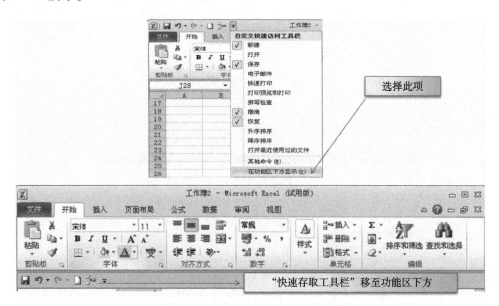

图 2-33　调整快速存取工具栏的位置

6）显示比例工具

视窗右下角是"显示比例"区，显示目前工作表的显示比例，单击 ⊕ 可放大工作表的显示比例，每按一次放大 10%，如 90%、100%、110%、…；反之单击 ⊖ 会缩小显示比例，每按一次则会缩小 10%，如 110%、100%、90%、…。也可以直接拖动中间的滑动杆，往 ⊕ 钮方向拖动可放大显示比例；往 ⊖ 钮方向拖动可缩小显示比例。如图 2-34 所示。

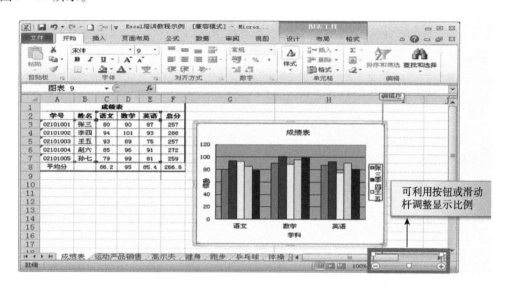

图 2-34　显示比例工具

放大或缩小文件的显示比例，并不会放大或缩小字型，也不会影响文件打印出来的结果，只是方便我们在荧幕上查看而已。

3. 工作簿与工作簿视窗

工作簿是 Excel 使用的文件架构，我们可以将它想象成一个工作夹，在这个工作夹里面有许多工作纸，这些工作纸就是工作表 Sheet1，Sheet2，Sheet3，…。

1）单元格与单元格位址

工作表内的方格称为"单元格"，我们所输入的资料便是排放在一个个的单元格中。在工作表的上面有每一栏的"列标题"A、B、C、…，左边则有各行标题 1、2、3、…，将列标题和行标题组合起来就是单元格的"位址"。例如，工作表最左上角的单元格位于第 A 列第 1 行，其位址便是 A1；同理，E 栏的第 3 行单元格，其位址是 E3，如图 2-35 所示。

2）卷轴

知道一张工作表有多大吗？一张工作表共有 16384 列（A…XFD）＊1048576（1…1048576），相当于 17179869184 个单元格。这么大的一张工作表，不论是 17、21、24

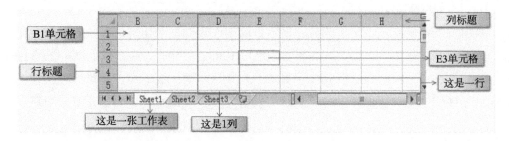

图 2-35　单元格与单元格位址

寸的荧幕都容纳不下。不过没关系，我们可以利用工作簿视窗的卷轴，将工作表的各个部分分批卷到荧幕上来。卷轴的前后端各有一个"卷轴钮"，中间则是一个滑动杆，如图 2-36 所示。

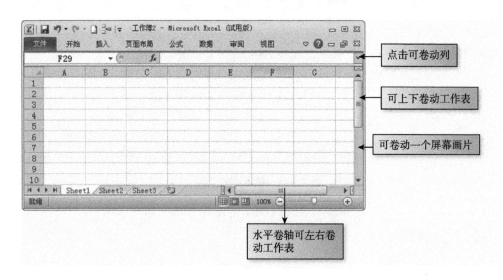

图 2-36　卷轴

3）页次标签

每一本新的工作簿预设有 3 张空白工作表，每一张工作表有一个页次标签（如 Sheet1、Sheet2…），我们就是利用页次标签来区分不同的工作表，如图 2-37 所示。

一个工作簿中可以有数张工作表，当前显示在荧幕上的那种工作表称为作用工作表，也就是现在的编辑对象。若想要编辑其他的工作表，只要单击该工作表的页次标签即可将它切换成作用工作表。

鼠标右键单击工作表页次可以进行插入工作表、删除工作表、重命名工作表、移动或复制工作表、改变工作表标签颜色等操作。

项目二 投标（应答）文件制作

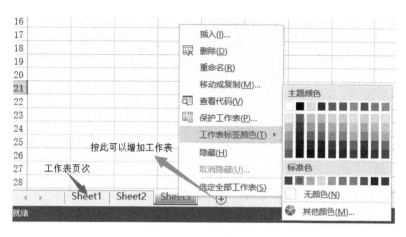

图 2-37 页次标签

4. 结束 Excel

Excel 的工作环境介绍得差不多了，若想退出 Excel，只要单击主视窗右上角的"关闭"图标，或是单击"文件"选项卡的"退出"图标，就可以关闭 Excel 了，如图 2-38 所示。

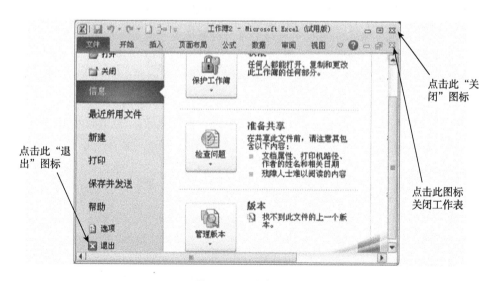

图 2-38 结束 Excel

如果曾在 Excel 视窗中进行过输入或编辑的操作，关闭时会出现提示存档信息，按需求选择即可，如图 2-39 所示。

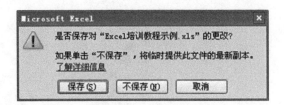

图 2-39 关闭提示

### 2.4.3 建立 Excel 工作簿与输入资料

1. 建立新工作簿

建立工作簿的操作，通常可借由启动 Excel 一并完成，因为启动 Excel 时，就会顺带开启一份空白的工作簿。也可以单击"文件"选项卡的"新建"图标来建立新的工作簿。

2. 单元格中输入资料

单元格的资料大致可分成两类：一种是可计算的数字资料（包括日期、时间）；另一种是不可计算的文字资料。

可计算的数字资料：由数字 0~9 及一些符号（如小数点、+、-、$、%、…）组成，如 15.36、-99、$350、75% 等都是数字资料。日期与时间也属于数字资料，只不过会含有少量的文字或符号，如 2012/06/10、8：30PM、3 月 14 日等。

不可计算的文字资料包括：中文字样、英文字元、文数字的组合（如身份证号码）。不过，数字资料有时亦会被当成文字输入，如电话号码、邮递区号等。

1）文本输入

首先是选取要放入资料的单元格，如单击 B2 单元格，输入"货号"2 个字，在输入资料时，环境会发生一些变化，如图 2-40 所示。

输入完请按下 Enter 键或是资料编辑列的输入按钮确认，Excel 便会将资料存入 B2 单元格并回到就绪模式。

2）序号输入

例如一个数据，从它下拉做递增数列。将鼠标放在该单元格右下角，变成十字形时点住下拉。选择"复制单元格"，单元格内序号相同；选择"填充序列"单元格内序号依次递增，如图 2-41 所示。

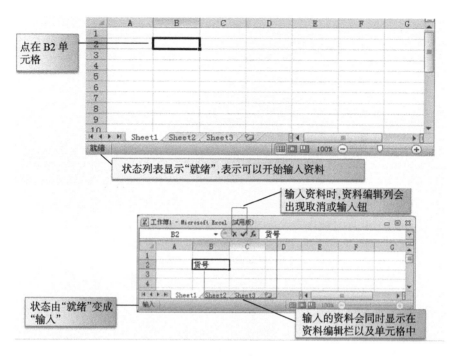

图 2-40 文本输入

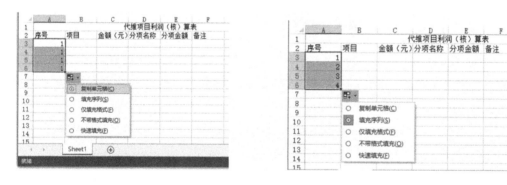

图 2-41 序号输入

3) 货币符号输入

方法1：选中单元格，单击鼠标右键，选择"设置单元格格式"，单击"数字"，选择"货币"选项，可以进行小数位数调整，如图 2-42 所示。

方法2：单击菜单栏的"插入"选项，选择工具栏的"符号"选项，在符号中找到货币符号，单击插入。同样的方法也可输入"/"符号和"∑"符号。

4) 多行文本输入

若想在一个单元格内输入多行资料，可在换行时同时按下"Alt + Enter"键，将插入点移到下一行，便能在同一单元格中继续输入下一行资料。

图 2-42 货币符号输入

5）清除单元格内容

如果要清除单元格的内容，首先选中要清除的单元格，然后按"Delete"键或者单击鼠标右键，在弹出的对话框中选择"清除内容"。

3. 文本的显示方式与调整单元格宽度

Excel 会自动判断使用者输入的资料形态，以此来决定资料的预设显示方式，如数字资料会靠右对齐，文字资料会靠左对齐。若输入的资料超过单元格宽度时，Excel 将会改变资料的显示方式。

当单元格宽度不够显示内容时，数字资料会显示成"###"，而文字资料则会由右边相邻的储存格决定如何显示，如图 2-43 所示。

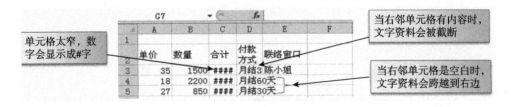

图 2-43 文本显示方式

这时候只要调整单元格的宽度或在标题栏的右框线上双击鼠标左键就可以完整显示文本。

调整高度的方法和调整宽度的方法一样，只要拖动行下方的框线就可以了。

### 2.4.4 单元格选取的方法

1. 选取多个单元格

在单元格内单击鼠标左键，可选取该单元格；若要一次选取多个相邻的单元格，将鼠标指在欲选取范围的第一个单元格，然后按住鼠标左键拖动到欲选取范围的最后一个单元格，最后再放开左键即可。

2. 选取不连续的多个范围

如果要选取多个不连续的单元格范围，如 B2∶D2、A3∶A5，先选取 B2∶D2 范围，然后按住"Ctrl"键，再选取第 2 个范围 A3∶A5，选好后再放开"Ctrl"键，就可以同时选取多个单元格范围了。

3. 选取整行或整列

要选取整行或整列，单击行编号或列编号即可。

4. 选取整张工作表

若要选取整张工作表，单击左上角的"全选"图标即可一次选中所有的单元格，如图 2-44 所示。

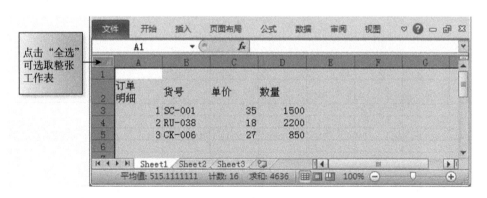

图 2-44 选取整张工作表

### 2.4.5 单元格格式编辑

在创建完 Excel 表格以后，需要对工作表进行简单的美化，一般使用的是 Excel 的设置单元格格式对话框。设置单元格格式对话框里面包含了数字、对齐、字体、边框、填充、保护这6个标签。

选中单元格—右键单击—"设置单元格格式"—选择相应的标签即可进行相应的设置，如图2-45所示。

图2-45 单元格格式设置

1. 数字标签

在数字标签里，可以设置数据的类型，在前面的Excel数据类型中已经详细地了解过了。

2. 对齐标签

在对齐标签里包含了文本对齐、文本控制、文字方向等几个选项区域，可以通过"文本对齐"来设置文本的对齐方式，"文本控制"里面可以设置合并单元格、自动换行等，"文字方向"可以设置文字的方向与角度。

3. 字体标签

字体标签可设置字体的样式，如设置字体、字形、字体大小、特殊效果以及字体的颜色。

4. 边框标签

边框标签在 Excel 中是比较重要的，默认情况下，Excel 文档打印出来是不带表格边框的，需要通过给 Excel 工作表设置边框，还可以给边框设置颜色。也可以通过斜线边框来制作斜线表头。

5. 填充标签

填充标签主要是给单元格填充背景色或者设置背景图案的，在一些重要的需要标记的数据上我们可以设置填充背景。

6. 保护标签

保护标签主要是与"审阅"下面的保护工作表选项结合使用的，可以通过设置，使 Excel 部分单元格的数据无法进行修改。

Excel 实操测试

测试题

# 3　组织结构图的制作

### 知识目标

1. 了解组织结构的作用、成员组成等
2. 了解通信工程项目的组织结构
3. 掌握 SmartArt 的使用方法
4. 掌握组织结构图的绘制方法

组织结构图与流程图

## 能力目标

1. 能够灵活使用 SmartArt 绘图
2. 能够使用 SmartArt 绘制组织结构图

## 3.1 任务描述

小王在制作投标文件的过程中发现需要制作类似于图 2-46 所示的项目组织结构图。现在要求小王在标书的相应位置制作项目组织结构图。

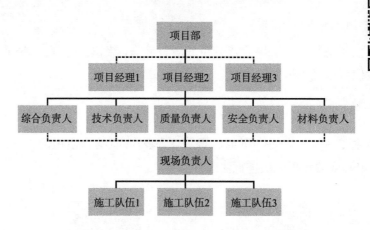

图 2-46 项目组织结构图

## 3.2 任务分析

根据任务要求，小王需要了解项目组织结构，并参照图 2-46 用 SmartArt 绘制组织结构图。组织结构图由框（职位或部门）和线组成。首先插入层次结构图，然后输入文本并添加项目，最后美化组织结构图。

## 3.3 任务实施

| 操作步骤 | 操作过程 | 操作说明 |
| --- | --- | --- |
| 步骤1 插入层次结构图 | 单击菜单栏"插入"选项卡，选择插图组中的"SmartArt"，在弹出的图示库中选择"组织结构图"，单击"确定"，即可在文档中插入一个组织结构图的框架 | 在图示库中选择所需要的层次关系 |

续表

| 操作步骤 | 操作过程 | 操作说明 |
|---|---|---|
| 步骤1 插入层次结构图 | 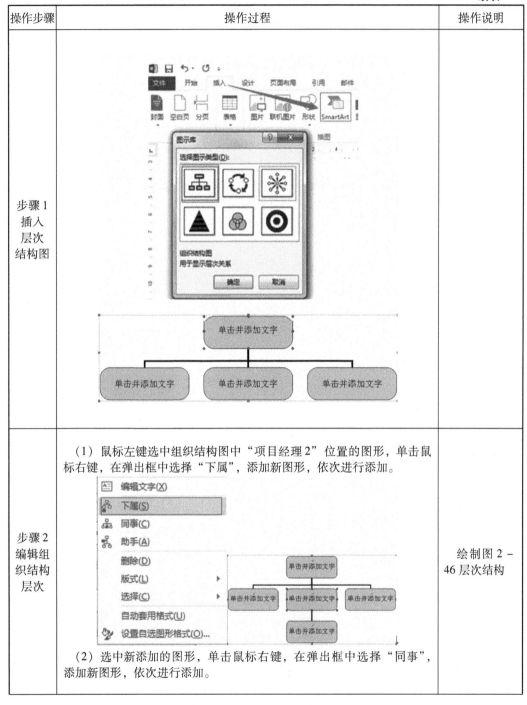 | |
| 步骤2 编辑组织结构层次 | （1）鼠标左键选中组织结构图中"项目经理2"位置的图形，单击鼠标右键，在弹出框中选择"下属"，添加新图形，依次进行添加。<br><br>（2）选中新添加的图形，单击鼠标右键，在弹出框中选择"同事"，添加新图形，依次进行添加。 | 绘制图2-46层次结构 |

续表

| 操作步骤 | 操作过程 | 操作说明 |
|---|---|---|
| 步骤2<br>编辑组织结构层次 | 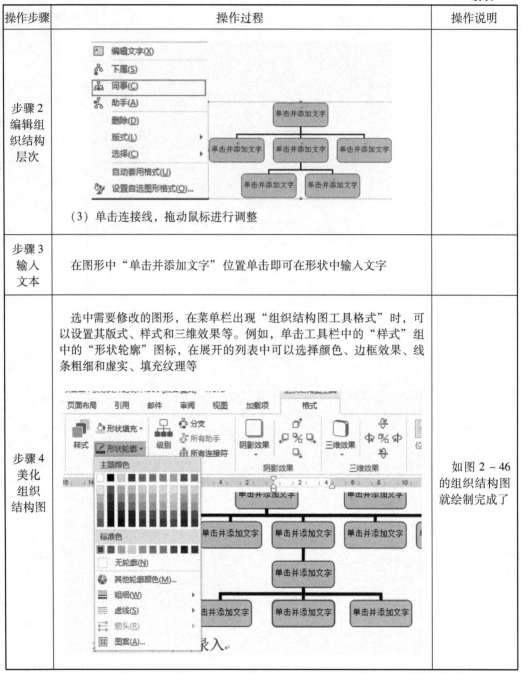<br>（3）单击连接线，拖动鼠标进行调整 | |
| 步骤3<br>输入文本 | 在图形中"单击并添加文字"位置单击即可在形状中输入文字 | |
| 步骤4<br>美化组织结构图 | 选中需要修改的图形，在菜单栏出现"组织结构图工具格式"时，可以设置其版式、样式和三维效果等。例如，单击工具栏中的"样式"组中的"形状轮廓"图标，在展开的列表中可以选择颜色、边框效果、线条粗细和虚实、填充纹理等 | 如图 2 – 46 的组织结构图就绘制完成了 |

## 3.4 知识解读

### 3.4.1 组织结构图

1. 组织结构图

组织结构图是组织架构的直观反映,是最常见的表现雇员、职称和群体关系的一种图表。它形象地反映了组织内各机构、岗位上下左右相互之间的关系。组织结构图由框(职位或部门)和线组成。框中通常包含各部门或者职位名称,也可以把职务人名字写在其中,甚至可以加上照片;线用来表示各部门或职位名称之间的关系。

2. 项目经理

项目经理是受法定代表人委托,对工程项目施工过程全面负责的项目管理者,是建筑施工企业法定代表人在工程项目上的代表人。

项目经理是承包人正式聘用的员工,承包人应向发包人提交项目经理与承包人之间的劳动合同,以及承包人为项目经理缴纳社会保险的有效证明。

在企业内部,项目经理是项目实施全过程全部工作的总负责人,对外可以作为企业法人的代表,在授权范围内负责、处理各项事务,这就决定了项目经理在项目管理中的中心地位,项目经理对整个项目部、对整个项目起着举足轻重的作用。

项目经理应具备以下素质:
①高尚的职业道德、强烈的使命感和责任感;
②广泛的理论和科学技术知识;
③项目施工管理能力;
④组织领导能力;
⑤战略设计和组织实施能力;
⑥营造企业文化的能力;
⑦较强的协调沟通能力;
⑧健康的身体和丰富的实践经验。

### 3.4.2 SmartArt

SmartArt 功能在"插入"选项卡—"插图"功能区。

SmartArt 是 Microsoft Office 2007 中新加入的特性,用户可在 PowerPoint、Word、Excel 中使用该特性创建各种图形图表。SmartArt 图形是信息和观点的视觉表示形式。

可以通过从多种不同布局中进行选择来创建 SmartArt 图形，从而可快速、轻松、有效地传达信息。

SmartArt 内置的图形库，有列表、流程、循环、层次结构、关系、矩阵、棱锥图、图片八大类，一共提供了 80 种不同类型的模板，如图 2-47 所示。

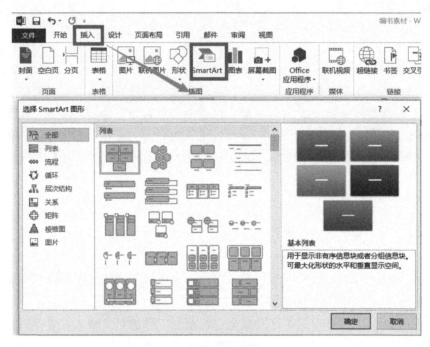

图 2-47　图形库

1. 列表型

列表型图形库显示非有序信息块或分组信息块，主要用于强调信息的重要性，如图 2-48 所示。

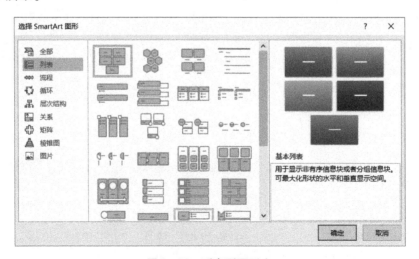

图 2-48　列表型图形库

2. 流程型

流程型图形库表示任务、流程或工作流中的顺序步骤,如图 2-49 所示。

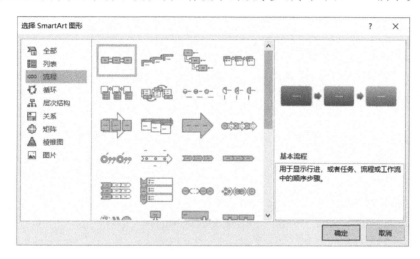

图 2-49  流程型图形库

3. 循环型

循环型图形库表示阶段、任务或事件的连续序列,主要用于强调重复过程,如图 2-50 所示。

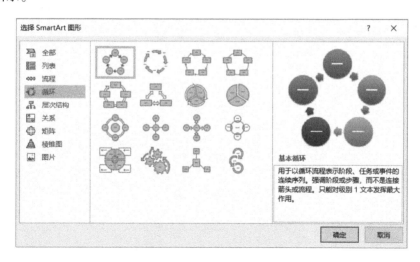

图 2-50  循环型图形库

4. 层次结构型

层次结构型图形库用于显示组织中的分层信息或上下级关系,广泛地应用于组织结构图,如图 2-51 所示。

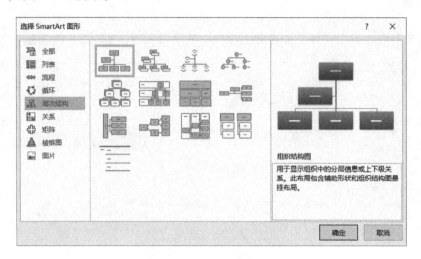

图 2-51　层次结构型图形库

5. 关系型

关系型图形库用于表示两个或多个项目之间的关系,或者多个信息集合之间的关系,如图 2-52 所示。

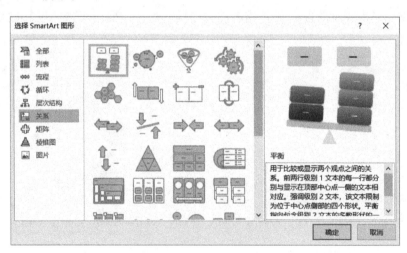

图 2-52　关系型图形库

6. 矩阵型

矩阵型图形库以象限的方式显示部分与整体的关系,如图 2-53 所示。

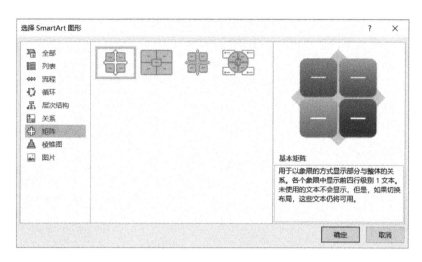

图 2-53 矩阵型图形库

7. 棱锥图型

棱锥图型图形库用于显示比例关系、互连关系或层次关系，如图 2-54 所示。

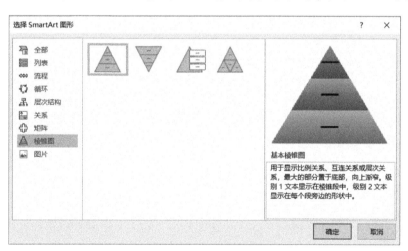

图 2-54 棱锥图型图形库

8. 图片型

图片型图形库主要应用于包含图片的信息列表，如图 2-55 所示。

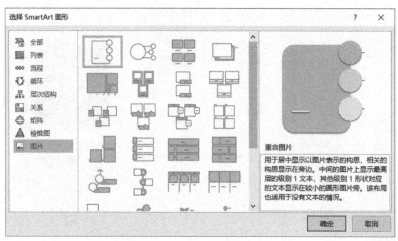

图 2-55　图片型图形库

## 4　室分故障抢修流程图绘制

测试题

### 📋 知识目标

1. 了解工作流程图的定义、作用与组成
2. 熟悉 Visio 的绘图环境
3. 熟悉室分故障抢修流程
4. 掌握 Visio 的绘图方法
5. 掌握室分故障抢修流程图绘制方法

流程图绘制

### 🐓 技能目标

1. 能够使用 Visio 进行绘图
2. 能够绘制室分故障抢修流程图
3. 能够绘制设计变更流程图

### 4.1　任务描述

任务单

小王完成了项目组织结构图的制作，工作关系清晰，岗位职责明确，出色地完成了任务。接下来项目经理安排小王绘制室分系统故障抢修流程图，如图 2-56 所示。

项目二 投标（应答）文件制作

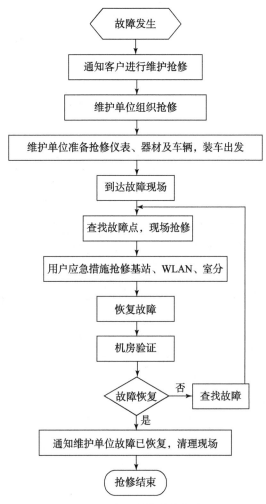

图 2-56 室分系统故障抢修流程图

### 4.2 任务分析

根据任务描述，在制作流程图之前需要熟悉室分系统故障抢修的具体流程及流程的组成。流程图由工作、逻辑关系、差别组成。首先，添加"进程""判定""文档"和其他形状；然后连线、编辑文本；最后修饰、完善流程图，使其美观。

### 4.3 任务实施

| 操作步骤 | 操作过程 | 操作说明 |
|---|---|---|
| 步骤1<br>新建<br>Visio 文档 | （1）在"投标文件"文件夹中右键单击—新建 Microsoft Office Visio 绘图；<br>（2）重命名为"室分系统故障抢修流程" | 重命名的方法见前面任务 |

续表

| 操作步骤 | 操作过程 | 操作说明 |
|---|---|---|
| 步骤2<br>选择<br>模板 | 双击打开"室分系统故障抢修流程"文件,在"选择绘图类型"对话框中选择"流程图"—"基本流程图"—"确定",进入操作界面 | 选择正确的流程图模板 |
| 步骤3<br>添加<br>"开始"<br>形状 | 从窗口左侧"形状"—"基本流程图形状"中选择"进程"形状拖拽到绘图页上 | |
| 步骤4<br>添加<br>文本 | 双击"开始"形状,选择宋体,14pt,输入文字"故障发生" | 根据需要选择合适的字体和字号 |

续表

| 操作步骤 | 操作过程 | 操作说明 |
|---|---|---|
| 步骤5<br>添加<br>流程 | （1）在"基本流程图形状"中选中要添加的形状，将鼠标移动至画图窗口，捕捉上一个形状的连接点，鼠标单击；<br><br>（2）用同样的方法添加其他形状；<br><br>（3）调整形状大小：选中形状，拖拽形状框点；<br>（4）调整形状位置：选中形状，鼠标拖拽适应的位置；<br>（5）添加文字 | 可以先添加形状，再连线；也可以使用快捷键"Ctrl + 2"开启添加文本功能 |
| 步骤6<br>对齐各<br>流程 | 选中"形状"—"形状"—"对齐形状"，选择水平对齐中的第2个 | |

续表

| 操作步骤 | 操作过程 | 操作说明 |
|---|---|---|
| 步骤7<br>添加<br>"查找<br>故障"<br>流程 | （1）添加形状，调整形状的大小及位置，输入文字。<br>（2）连线：连接点工具 ×，在前线上放一个连接点；选择连接线工具，选择"查找故障"图形形状的上边中点不放，与连接点相连；调整连线位置。<br>（3）选择文本工具 A，添加文字"是"/"否"，并调整文字位置 | 使用快捷键<br>"Ctrl + 3"开<br>启连接线功能 |

## 4.4 知识解析

### 4.4.1 工作流程图

工作流程图是用图的方式反映一个组织系统中各项工作之间的逻辑关系，可用于描述工作流程组织。工作流程图是一个重要的组织工具，用矩形框表示工作，箭线表示工作之间的逻辑关系，菱形框表示判别关系。

### 4.4.2 Visio 介绍

Visio 是一个图表绘制软件，它有助于创建、说明和组织复杂设想、过程与系统的业务和技术图表。使用 Visio 创建的图表能够将信息形象化。生产与运营管理中涉及的项目管理、质量管理、业务流程等内容，通过 Visio 应用软件绘制相关图表，能够以清楚简明的方式有效地交流信息，可提高相关工作的效率和质量。

1. Visio 操作窗口介绍

Visio 操作窗口如图 2 - 57 所示。

模具指与模板相关联的图件（或称形状）的集合，利用模具可以迅速生成相应的图形。

模具中包含了图件。图件指可以用来反复创建绘图的图形。

模板指一组模具和绘图页的设置信息，是针对某种特定的绘图任务或样板组织起来的一系列主控图形的集合。利用模板可以方便地生成用户所需要的图形。

2. 流程图标准符号

在流程图中，不同图形代表不同的含义，具体含义如表 2 - 2 所示。

项目二 投标（应答）文件制作

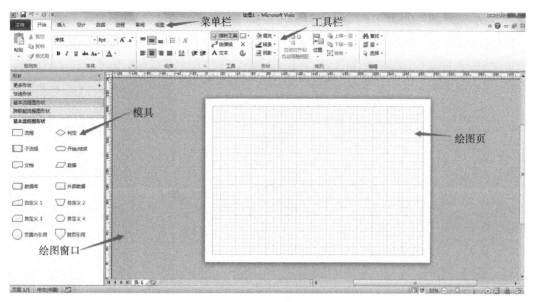

图 2-57 Visio 操作窗口

表 2-2 流程图中符号对照表

| 符号 | 名称 | 含义 |
| --- | --- | --- |
|  | 开始、结束 | 标准流程的开始，每一流程图只有一个开始；标准流程的结束，每一流程图只有一个结束 |
|  | 处理 | 要执行的处理 |
|  | 判断 | 决策或判断 |
|  | 文档 | 以文件的形式输入或是输出 |
|  | 流向 | 表示执行的方向与顺序 |
|  | 数据 | 表示数据的输入或是输出 |

在流程图中，图形里输入的文字，可调节字号、字体等样式。可在工具栏中选择相应选项卡进行操作。

3. 流程图绘制原则

（1）处理程序须单一入口与单一出口。

(2) 流程图一页放不下时，可使用连接符号连接下一页流程图。同一页流程图中，若流程较为复杂，也可使用连接符号来连接。

(3) 相同流程图符号应该大小一致。

(4) 路径符号宜避免相互交叉。

(5) 同一路径的指示符号箭头应该只有一个。

(6) 使用箭头标明流程方向，符号应该使用标准流程图符号。

测试题

# 5 投标文件整体排版

**知识目标**

1. 掌握页面、字体、段落等内容的编辑方法
2. 掌握分节符/分页、页码/页眉设置方法
3. 熟悉目录生成方法
4. 掌握标题样式的编辑方法

整体排版

**能力目标**

能够熟练进行文件排版操作

## 5.1 任务描述

任务单

小王已经将投标文件内容完成，现在需要按照投标文件格式要求对内容进行排版，把文字、图片、表格进行合理的排列调整，使版面达到美观的视觉效果。

## 5.2 任务分析

根据任务要求，小王需要对投标文件的页面、字体、段落进行设置，统一标题样式，设置好分页符，最后生成目录。

## 5.3 任务实施

具体操作步骤如下：

| 操作步骤 | 操作过程 | 操作说明 |
|---|---|---|
| 步骤1<br>整体<br>页面<br>设置 | 单击"页面布局"—"页面设置",可以对页边距、纸张大小等进行设置<br>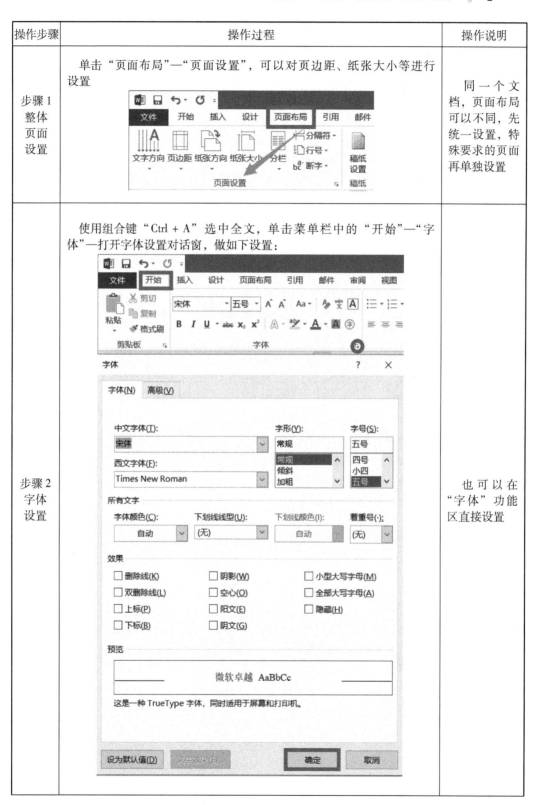 | 同一个文档,页面布局可以不同,先统一设置,特殊要求的页面再单独设置 |
| 步骤2<br>字体<br>设置 | 使用组合键"Ctrl + A"选中全文,单击菜单栏中的"开始"—"字体"—打开字体设置对话窗,做如下设置: | 也可以在"字体"功能区直接设置 |

续表

| 操作步骤 | 操作过程 | 操作说明 |
|---|---|---|
| 步骤3<br>段落<br>编辑 | "Ctrl + A"选中全文，单击菜单栏中的"开始"—"段落"—打开段落设置对话窗—"缩进和间距"，做如下设置：<br><br>段落对话框设置：<br>缩进和间距选项卡<br>常规：对齐方式(G)：两端对齐；大纲级别(O)：正文文本；□默认情况下折叠(E)<br>缩进：左侧(L)：0字符；右侧(R)：0字符；□对称缩进(M)；特殊格式(S)：首行缩进；缩进值(Y)：2字符；☑如果定义了文档网格，则自动调整右缩进(D)<br>间距：段前(B)：0行；段后(F)：0行；行距(N)：单倍行距；设置值(A)：；□在相同样式的段落间不添加空格(C)；☑如果定义了文档网格，则对齐到网格(W) | 可以对文字对齐方式、段落前后间距、字体行间距等项目进行设置 |

续表

| 操作步骤 | 操作过程 | 操作说明 |
|---|---|---|
| 步骤4 标题样式设置 | 单击菜单栏中的"开始"—"样式"—"标题",单击鼠标右键—修改,或者单击下拉菜单—创建样式。<br><br>选中文字—单击相应标题样式 | 设置文档内容的标题样式时也可用格式刷 |

续表

| 操作步骤 | 操作过程 | 操作说明 |
|---|---|---|
| 步骤5<br>插入分页符及分节符 | 分页符：把光标放在文档需要分页的位置，单击菜单栏中的"插入"，在工具栏中选择"分页"。<br><br>分节符：选中文档中内容不连续的位置，单击"页面布局"—"分隔符"—"下一页"。 | |

续表

| 操作步骤 | 操作过程 | 操作说明 |
|---|---|---|
| 步骤6<br>生成<br>目录 | 光标放在设置目录的位置，单击菜单栏中"引用"，选择"目录"，选中需要的"目录样式"即可 | 生成目录后，在目录中，使用"Ctrl+鼠标左键"单击页码就可以自动跳转至该标题所在的页面 |
| 步骤7<br>页码、<br>页眉<br>设置 | 单击菜单栏中的"插入"，在"页眉和页脚"组中选择"页码"，选中"设置页码格式"。页码连续时，选"续前节"；页码不连续时，插入分节符，选"起始页码" | |

续表

| 操作步骤 | 操作过程 | 操作说明 |
|---|---|---|
| 步骤7<br>页码、<br>页眉<br>设置 | 单击菜单栏中的"插入",在工具栏中选择"页眉",选中"编辑页眉" | |
| 步骤8<br>更新<br>目录 | 单击"引用"—"更新目录" | 文档中内容增加或减少时必须重新生成目录 |

## 5.4 知识解析

在写作长篇文档的时候,经常需要根据特定的格式要求对文档进行排版,使文章更加的规范、整洁、美观。Word 是广为使用的文档排版软件,使用 Word 能够对文章进行专业排版,操作简单,易于使用。在实际排版中,有一套较为实用的排版流程,现总结成文,同时以 Word 2013 为例,对 Word 长篇文档排版中经常遇到的问题加以说明。

长文档排版练习题

### 5.4.1 Word 长篇文档排版的一般步骤

Word 长篇文档排版的一般步骤有:
(1)设置页面布局;
(2)设置文档中将要使用的样式;
(3)制作各章标题;
(4)设置页眉页脚;
(5)正文中图片、表格和公式的自动编号及正文引用;

(6) 参考文献的标注及引用。

### 5.4.2 设置页面布局

**1. 基本设置**

文档的页面布局是排版的第一步，利用它可以规范文档使用哪种幅面的纸张、文档的书写范围、装订线等信息，设置文档的页面布局在 Word 2013 的"页面布局"选项卡，如图 2-58 所示。在图中①区可以设置页边距等信息，需要更详细的设置单击②区的右下箭头，打开"页面设置"详细对话框，如图 2-59 所示。

图 2-58 设置文档的页面布局

图 2-59 页面设置常用选项

"页边距"选项卡中，可以根据需要设置上下左右边距及装订线位置，页边距各参数的含义如图 2-60 所示；"纸张"选项卡中可以设置页面纸张类型，一般选"A4"即可；"版式"选项卡可以设置节的相关信息及页眉页脚的布局。

**2. 让文字更清晰**

长篇文档一般有很多文字，年纪大的人阅读起来比较吃力。为了使文字更清晰，一般采用增大字号的方法，但效果并不理想。其实在页面设置中调整字与字、行与行之间的间距，即使不增大字号，也能使内容看起来更清晰。具体设置步骤如图 2-61 所示。

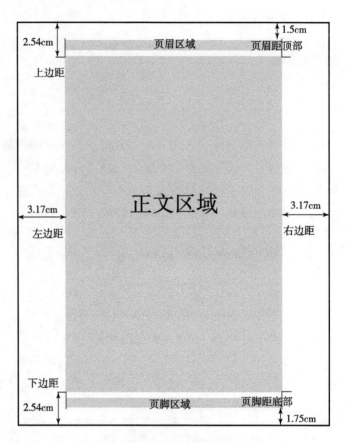

图 2-60　页边距各参数含义

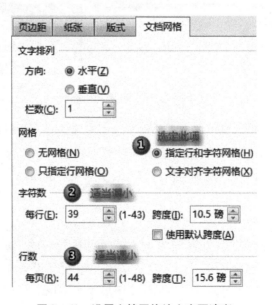

图 2-61　设置文档网格让文字更清晰

### 5.4.3 定义样式

样式是文档中文字的呈现风格。通过定义常用样式，可以使相同类型的文字呈现风格高度统一，同时可以对文字快速套用样式，简化排版工作。此外，Word 中许多自动化功能（如目录）都需要使用样式功能。对于常用的样式，还可以先定义到一个模板文件中，创建属于自己的风格，以后只需基于该模板新建文档，不需要重新定义样式，可让写用户更关注文档内容本身。

1. 样式设置

Word 2013 中已经定义了大量样式，一般在使用中只需要对预定义样式进行适当修改即可满足需求。样式的设置方法为："开始"选项卡中，在需要修改的样式名上右键单击—"修改"，即可进入"修改样式"对话框，如图 2 - 62 所示。在"修改样式"

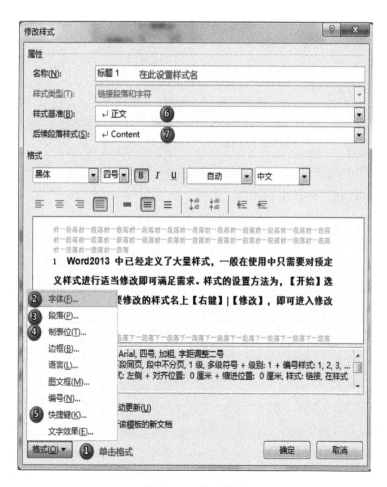

图 2 - 62　修改样式

对话框中，可以修改样式名称、样式基准等；单击左下角的"格式"，可以定义该样式的字体、段落等格式。常用的设置如图2-62中序号所标，可以根据具体要求进行适当修改。其中，可以为某样式设置快捷键，以后只需要选中文字并按快捷键即可快速套用样式。需要指出的是，"正文"样式是Word中最基础的样式，不要轻易修改它，一旦它被改变，将会影响所有基于"正文"样式的其他样式的格式。另外，尽量利用Word内置样式，尤其是标题样式，可使相关功能（如目录）更简单。

2. 样式的保存与载入

所有常用的样式定义好以后，为避免重复工作，可以将样式保存起来，一般的方法是保存到模板，方法为"文件"—"另存为"—文件类型选择"Word模板（*.dotx）"，重命名为一个自己熟悉的名字并保存到适当位置。以后要使用这个模板，只需要双击该模板文件，即可基于该模板快速建立一个新文档，并且可以使用之前定义的相关样式。

### 5.4.4 各章标题制作

1. 带编号的多级标题

一般长篇文档需要在各章节前加上编号，形成本文档标题结构。定义章节编号的功能可通过"开始"—"段落"面板中的"定义新的多级列表"打开"定义新多级列表"对话框，如图2-63所示。

定义新的多级列表步骤如下：

（1）在①处单击"更多"按钮，展开右侧面板；

（2）在②处选中级别1；

（3）在③处设置级别的编号样式；

（4）在④处设置编号的对齐方式；

（5）在⑤处设置级别1链接的样式为标题1；

（6）类似设置好级别2、级别3等，一般到级别3即可，这样就能在开始面板上看到如图2-64中定义好的带编号的多级标题。以后，只需要对标题文字应用相应的标题样式，即可自动编号。

小技巧：有的论文要求一级标题为"第一章……"，二级标题为"1.1……"，这个可以在定义多级编号的时候，选择编号样式为"一，二，三，……"即可，但会出现"一.1"这样的别扭显示。一般的做法是：在定义多级编号的时候仍然选择"1，2，3，……"样式，并在标题1样式中将前面的编号设置为隐藏文字，然后手动敲上去第一章等字样，可解决此问题。

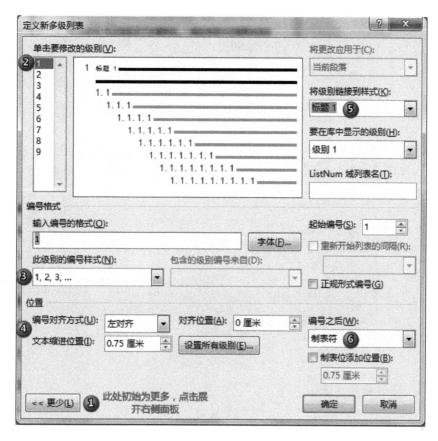

图 2-63 定义新多级列表

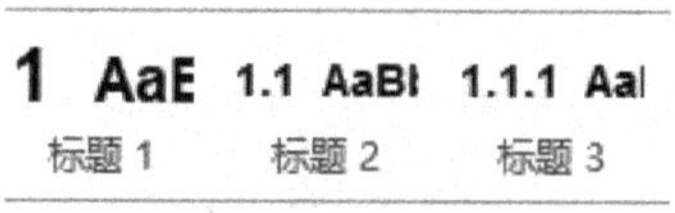

图 2-64 带编号的多级标题样式

2. 利用定义好的多级标题生成目录

选择"引用"—"目录"—"自定义目录",打开"目录"对话框,如图 2-65 所示。

在①处可以设置目录中显示的级别,一般选择 3。另外,如果要自定义目录中文字的格式,可在②处单击"修改",可进行相应的修改。标题有变化时,需要在生成的目录上右键单击—"更新目录"。

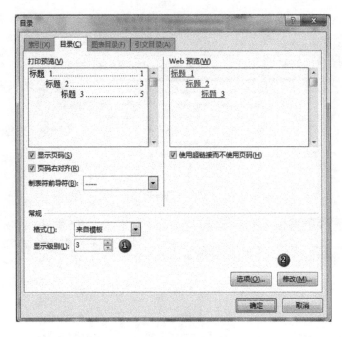

图 2-65  目录对话框

### 5.4.5  定义页眉和页脚

1. 为各章分节

分节为定义页眉页脚的基础，有关页眉页脚的要求一般都要先通过分节才能实现，如奇偶页不同等。同时，分节也是很多其他操作的基础，如纵向版面与横向版面混排。

分节符的插入操作为："页面布局"—"分隔符"—单击相应的分节符。

此处顺便说一下纵向版面与横向版面混排的问题。有的图片或表格可能太大，在纵向版面中放不下，需要临时切换成横向版面，操作过程如下：①在该页面前后各插入一个分节符；②在页面设置中设置该页纸张方向为横向。

分页符只是分页，前后还是同一节；分节符是分节，可以同一页中不同节，也可以分节的同时下一页。两者用法的最大区别在于页眉页脚与页面设置，例如：

（1）文档编排中，某几页需要横排，或者需要不同的纸张、页边距等，那么将这几页单独设为一节，与前后内容不同节；

（2）文档编排中，首页、目录等的页眉页脚、页码与正文部分需要不同，那么将首页、目录等作为单独的节；

（3）如果前后内容的页面编排方式、页眉页脚都一样，只是需要新的一页开始新的一章，那么一般用分页符即可，当然用分节符（下一页）也行。

2. 插入页眉和页脚

回到文档开始（快捷键"Ctrl + Home"）"插入"—"页眉"，出现"设计"选项卡，第一页一般不需要页眉，直接单击"下一节"，先单击"链接到上一条页眉"，取消选中，避免修改后第一节页眉跟着修改。

下面介绍如何在页眉中插入章标题。

在页眉中，单击"引用"—"交叉引用"，出现交叉引用对话框，如图 2 – 66 所示，①处引用类型中选标题，②处引用内容中选标题编号，③处选中页眉所在章节，④处单击插入即可，然后跟正文一样设置页眉的格式、对齐方式等。如果要在页眉中加入其他内容，如页码或其他文字等，方法与上述一致，善用"交叉引用"。

图 2 – 66　通过交叉引用在页眉中加入章标题

在插入页眉的时候，有的页面不需要页眉，即使删掉了还是会在页面处留有一条横线，实际是为页眉文字加了一条下边框，虽然删除了文字，段落符号还在，所以横线还在。去除这条横线的方法如下：

（1）选中页眉中的段落标记，选择"开始"—"边框与底纹"；

（2）在打开的"边框与底纹"对话框中，去掉下边框。

插入页脚的方法与插入页眉方法类型，只要注意：要先取消"链接到前一条页脚"，再进行修改，以免影响前一节页脚的内容。另外，插入页码的时候，要选中页码文字—"设置页码格式"，如图 2 – 67 所示，①处设置为起始页码，②处设置为1。

图 2-67　设置页码格式

### 5.4.6　图片、表格和公式的编号及引用

1. 图片与表格的编号及引用

在 Word 2013 中，图片与表格的编号及引用比较简单，主要利用题注，交叉引用即可。因为图片与表格类似，区别就是表格题注在表格上面，图片题注在图片下面，这个可以在插入题注的时候选择。在此以图片为例，其插入、编号及引用的一般过程如下：

(1)"插入"—"图片"，选中需要插入的图片。

(2) 右键单击图片—"插入题注"，弹出"题注"对话框，如图 2-68 所示。在①处新建标签，如"图"；在②处设置编号，如需要在编号中加入段落编号，勾选相应选项即可；在③处输入图名。

图 2-68　插入图片题注

（3）在需要引用图编号的地方，"插入"—"交叉引用"，引用类型选择图，引用内容选择标签和编号，插入即可完成引用。

表格类似，在此不再赘述。

2. 公式的插入、编号及引用

公式的插入一般利用 MathType 工具。虽然 Word 2013 内置了公式编辑器，但远没有 MathType 方便。插入公式可选择"MathType"—"Inline"，弹出公式编辑器，在该编辑器中编辑好公式后关闭编辑器，即可将公式插入 Word。

一般论文中对公式的排版要求是公式单行居中，公式编号居右。当然，可以通过加大量的空格及手工调整来实现。不过 Word 显然提供了更好的工具，那就是制表位。

要使用制表位，先通过"视图"—勾选"标尺"，将标尺显示出来，如图 2-69 所示，然后单击①处图标变成居中制表位，再在②处适当位置单击添加一个居中制表位。类似地添加一个居右制表位。

图 2-69　插入制表位

为公式添加编号，需要先规范编号的格式。本书以公式编号中需包含章节号为例，如果不需要包含章节号更简单，此处不再赘述。选择"MathType"—"Insert Number"下拉按钮—"Format"，弹出如图 2-70 所示对话框，在①处定义是否包含章编号及格式，在②处定义此格式应用于整个文档。章编号对应于 Chapter Number，勾选即可。但这里的章编号并不是 Word 里面的章编号，而且 MathType 的章编号，可以通过控制"MathType"—"Chapter/Section"—"Insert Break"添加章编号，如图 2-71 所示。

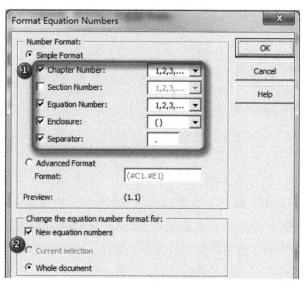

图 2-70　公式编号格式化

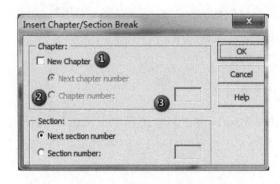

图 2–71　插入公式章编号

这样就定义了公式的编号格式。接下来，将光标移动到公式右侧，单击"MathType"—"Insert Number"，即可插入公式编号。利用之前定义的制表位，在公式前单击"Tab"键，公式即可居中；在编号前单击"Tab"键，编号即可居右。同时，为了保存制表位的设置，使每个公式位置相同，可将公式段落定义为新的样式，保存到模板中。定义完成的效果如下：

$$\frac{-b \pm \sqrt{b^2 - 4ac}}{2a} \qquad (2.1)$$

引用公式时，只需在引用的位置，单击"MathType"—"Insert Reference"，然后双击要引用的公式编号即可。

测试题

# 6　项目小结

1. 招标有公开招标、邀请招标、比选招标、竞争性谈判和 BOT 项目招标五种典型的形式。

2. 比选招标是指比选人或比选代理人事先公布出条件和要求，从自愿报名参加比选的申请人中按照规定方式，邀请特定数量的法人或者其他经济组织参加招标的项目竞争，通过比较，选择并最终确定中选的活动过程。

3. 键盘可大致分为功能键区、主键盘区、编辑控制键区、小键盘区及状态指示灯区 5 个键位区。

4. 使用 Excel 2013 制作预算表。

5. 组织结构图是组织架构的直观反映，是最常见的表现雇员、职称和群体关系的一种图表。它形象地反映了组织内各机构、岗位上下左右相互之间的关系。组织结构图由框和线组成。框中通常包含各部门或者职位名称，也可以把职务人名字写在其中，甚至可以加上照片；线用来表示各部门或职位名称之间的关系。

6. 使用 SmartArt 制作组织结构图。

7. 工作流程图是用图的方式反映一个组织系统中各项工作之间的逻辑关系，它可用于描述工作流程组织。工作流程图是一个重要的组织工具。用矩形框表示工作，箭线表示工作之间的逻辑关系，菱形框表示判别关系。

8. 使用 Visio 制作组织结构图。

9. Word 长篇文档排版的一般步骤为：①设置页面布局；②设置文档中将要使用的样式；③制作各章标题；④设置页眉页脚；⑤正文中图片、表格和公式的自动编号及正文引用；⑥参考文献的标注及引用。

# 7　项目作业

1. 现有一份移动通信专业 16 级 1 班的专业课成绩单，根据表 2－3 制作表格，要求表格有标题，并运用公式计算出每名同学的总评成绩。

表 2－3　专业课成绩单

| 序号 | 姓名 | 平时成绩 | 期中成绩 | 期末成绩 | 总评成绩 | 备注 |
| --- | --- | --- | --- | --- | --- | --- |
| 200202000001 | 赵小伟 | 100 | 100 | 89 | | |
| 200202000002 | 钱钱 | 96 | 60 | 86 | | |
| 200202000003 | 孙悟空 | 86 | 78 | 92 | | |
| 200202000004 | 周玉涛 | 75 | 85 | 75 | | 总评成绩＝平时成绩＊0.1＋期中成绩＊0.2＋期末成绩＊0.7 |
| 200202000005 | 武松 | 89 | 82 | 61 | | |
| 200202000006 | 郑成功 | 61 | 74 | 61 | | |
| 200202000007 | 王丽文 | 58 | 47 | 58 | | |
| 200202000008 | 张玉红 | 47 | 94 | 47 | | |
| 200202000009 | 马玉莹 | 95 | 75 | 76 | | |
| 200202000010 | 高玉宝 | 75 | 64 | 85 | | |

2. 图 2－72 为某公司的岗位设置结构图，根据此图绘制组织结构图。

3. 图 2－73 为某公司产品采购流程图，根据此图绘制流程图。

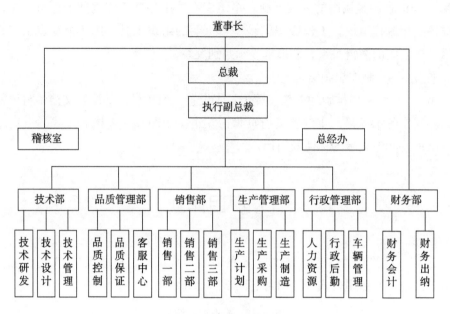

图 2-72 岗位设置结构图

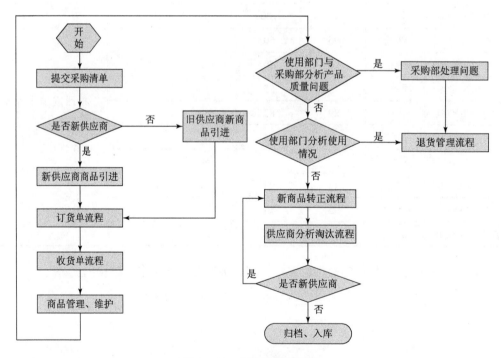

图 2-73 产品采购流程图

# 项目三
# 框架合同制作

公司通过招标,已经成功获得该项目,现在需要进行下一步工作:制作框架合同。

## 1 框架合同认识

### 知识目标

1. 了解框架合同的定义
2. 分析框架合同与合同的区别
3. 了解框架合同由哪些内容组成

框架合同认识

### 技能目标

能够制作框架合同

任务单

### 1.1 任务描述

公司通过招标,已经成功获得该项目,现在需要进行下一步工作:制作框架合同。刚刚工作的小王,第一次接触招标项目,小王现在的首要任务是了解什么是框架合同。

### 1.2 任务分析

初次接触框架合同的小王,需要了解什么是框架合同,知道框架合同和合同有什么不同之处,掌握框架合同由哪些部分组成,在编写的时候有哪些原则。

## 1.3 任务实施

具体步骤如下:

步骤一:查阅资料,了解什么是框架合同,什么是合同。

步骤二:查阅资料,向老员工请教,框架合同与合同的区别。

步骤三:查阅公司相关资料,掌握框架合同分为哪些内容,向老员工请教编写框架合同的主要注意事项。

## 1.4 知识解析

### 1.4.1 框架合同

通常我们所说的框架合同,也叫框架协议,是代表双方有意向合作的文件。它一般是指合同双方当事人就合同标的交易达成意向,并对主要内容予以确定而订立的合同。具体的交易细节在框架合同的基础上再细化成正式的合同。在签署正式合同之前会先拟定未来合作的基本框架及总体目标,这是合同的主体部分,这一部分的内容通常都是双方合作的基本条款,是不能变更的,一般属于甲方标准格式合同。

注:如果双方的合作内容在主体框架合同中无法体现,则需要签订《补充协议》或附上《附件》。

### 1.4.2 框架合同与合同的区别

在框架合同的基础上再对具体的交易细节进行细化就成为正式的合同。合同的内容比较具体、详细、明确并且涉及违约责任。

具体区别在于:

(1) 从法律上说,框架合同是一种签订具体合同或其他合作的意向,不具有合同的效力,不涉及违约责任,没有约定违约条款,所以法律的约束性比较低,在双方谈判中主动性和商业信誉上的约束意义大于其法律意义。如果当事双方有一方违反框架合同,只需要负缔约过失责任。合同是具有法律约束力的,从成立之日起生效。如果当事双方有一方违反合同内容的话,属于违约行为,需要承担违约责任。

(2) 从内容上说,框架合同的内容相对比较简单、概括、原则不十分具体,也不涉及违约条款。合同内容比较明确、详细、具体、齐全,并且涉及违约责任。

### 1.4.3 框架合同内容

框架合同中应包含的主要内容如下：

1. 合作内容

框架合同中需要介绍工程概况、工程名称、工程内容、承包范围以及承包方式。

2. 合同期限

框架合同中需要标注该框架合同预计执行日期和截止日期。通常双方签字盖章就开始生效，还应包含计划开工日期、计划竣工日期及工程计划安排，遇到延期开工、暂停施工或工程延误情况的处理要求。

3. 项目分工

框架合同中需要标注具体合同的甲方和乙方，甲方工作内容和乙方工作内容，分工明确。

4. 工程质量

框架合同中需要标明乙方完成的工程质量应达到的标准，质量检查分为：施工过程中途验收，若质量不达标情况的处理；工程完成后的初步验收，要求乙方应达到的标准；工程试运行期间，若发现任何与合同约定不符之处，乙方需要进行调整；以及工程最终验收标准。

5. 合同金额

框架合同中应标明工程预算价、项目工程款支付方式、按照工程进度进行支付，以及验收通过后的竣工结算。

6. 保险

框架合同中应要求乙方对其工作人员、施工人员及其他相关人员进行投保。如若事故发生时，责任划分清晰。

7. 保密条款

框架合同中应标明工作人员要对整个工程实施过程中的文件、程序、技术、图标模型、参数、数据标准等重要资料进行保密，并签署保密协议。

## 8. 违约

框架合同中应标明，如果乙方拖延规定施工进度，属于违约行为。根据延期天数，乙方要支付甲方违约金，对甲方进行赔偿。违约天数不同，违约索赔金额不等。

## 9. 附件

附件中应包括报价表及施工规模表、技术规范书点对点应答、人员车辆仪表应答表、施工订单合同模版、施工安全生产协议书、安全条款和保密协议等。

## 10. 其他事项

例如设计变更、争议、保修、安全施工、合同生效和终止等内容的约定。

思考题

# 2 框架合同内容编辑与排版

**知识目标**

1. 了解框架合同的编辑
2. 掌握框架合同的排版

**技能目标**

框架合同内容
编辑与排版

1. 能够熟练使用 Publisher
2. 学会使用加载项
3. 能够编辑简单合同界面

## 2.1 任务描述

框架合同内容编辑与排版对一个项目非常重要，它代表一个公司的形象，更关系到公司的利益。小王现在需要对框架合同进行编辑排版，使文件符合合同规范。本节以框架合同封面制作为例，为大家介绍排版步骤。

任务单

## 2.2 任务分析

根据任务要求，小王需要根据合同标准格式，进行编辑和排版。封面设计大气唯美的话，就比较容易获得他人的青睐，好的视觉感受会为第一印象加分。

## 2.3 任务实施

步骤一：在 Publisher 中创建模板。

在电脑"开始"选项中，找到 Publisher 2013 选项，如图 3-1 所示。单击打开后，会出现常用模板，因框架合同封面要自行设计，所以在新建窗口选择"空白 A4（纵向）"这个选项，如图 3-2 所示。这样一个模板就建立成功了。

图 3-1 Publisher 启动

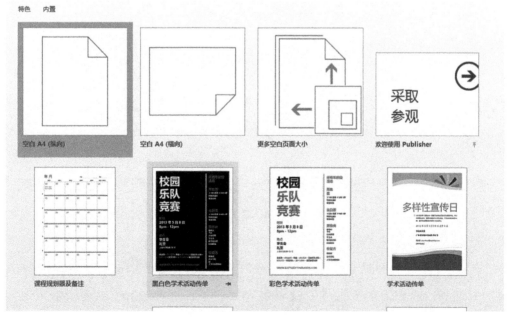

图 3-2 新建模板

步骤二：输入文本。

（1）新建模板后，在菜单栏的"开始"选项卡中，单击"绘制文本框"，如图 3-3 所示，拖动鼠标，将需要添加的文本框放到合适的位置即可。

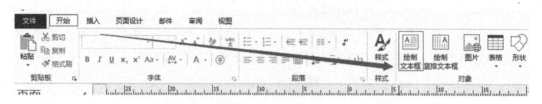

图 3-3　添加文本

（2）单击文本框，在文本框中输入相应的内容，如图 3-4 所示。

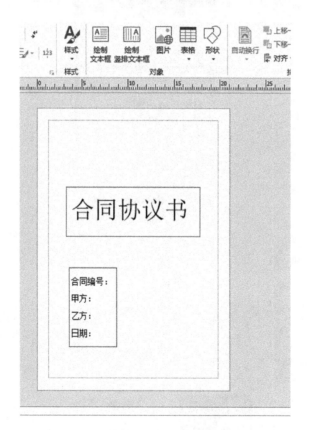

图 3-4　录入文字

步骤三：插入企业 LOGO。

选择菜单栏中的"插入"选项卡，单击"图片"，如图 3-5 所示。打开"插入图片"对话框，找到需要插入图片文件的存放位置，选中图片，单击"插入"，如图 3-6 所示。

图 3-5 插入"图片"选项

图 3-6 插入图片

步骤四：编辑和美化。

对输入的文字进行字体、字号、颜色等的调整；对插入图片的位置、大小、显示效果进行美化。

（1）选中输入的文字，可以对字体、字号等进行编辑，如图 3-7 所示。右键单击文本框，选择"设置文本框格式"，可以对文本框的颜色、尺寸、版式等进行编辑，还可以对编辑效果进行预览，如图 3-8 所示。如果文字较多时，可以在"格式"中，对文字的对齐方式、艺术字样式等进行编辑，如图 3-9 所示。

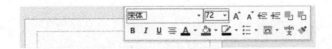

图3-7 美化"字体"和"字号"

图3-8 "设置文本框格式"选项卡

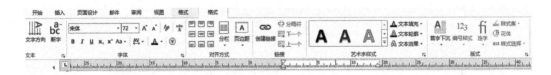

图3-9 "格式"设置选项

(2)选中插入的图片,在菜单栏的"格式"选项卡中,选择"更正"或是"重新着色"等,可以对图片进行重新编辑,如图3-10和图3-11所示。

图 3-10 图片"更正"选项

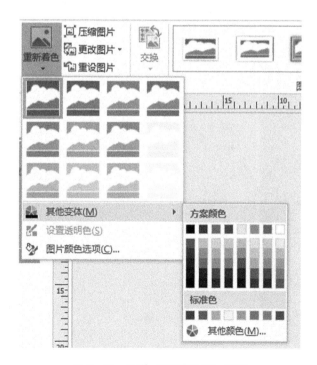

图 3-11 图片"重新着色"选项

制作的框架合同封面如图 3-12 所示。

图 3-12 框架合同封面

步骤五：导出。

选择"文件"选项卡，单击"导出"，选择 PDF 格式发布，如图 3-13 所示。在弹出对话框的"选项"中，可以选择发布或打印的文件类型，如图 3-14 所示。

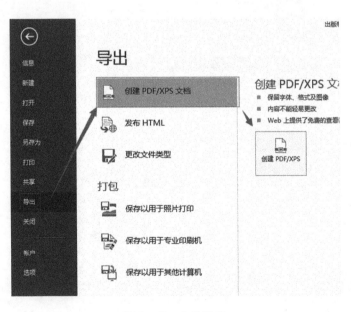

图 3-13 文件导出

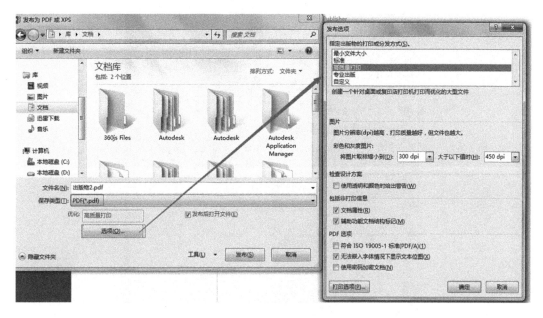

图 3-14 "发布选项"对话框

## 2.4 知识解析

### 2.4.1 Publisher 2013 初识

1. Publisher 2013 启动方式

除了在 2.3 节中介绍的启动方式外，我们还可以单击鼠标右键，在"新建"选项中单击"Microsoft Publisher 文档"，进行启动，如图 3-15 所示。

2. Publisher 2013 退出方式

Publisher 2013 常用的退出方式有两种：一种是单击 Publisher 窗口右上角的"关闭"按钮；另外一种是使用组合键"Alt + F4"。

3. Publisher 2013 窗口界面

Publisher 2013 的窗口界面如图 3-16 所示，界面主要包括快速访问工具栏、菜单栏、工具栏、大纲窗格、编辑区和视图缩放区。

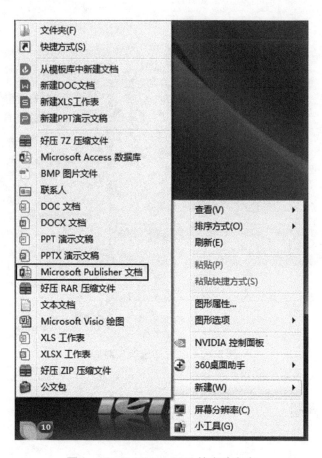

图 3–15　Publisher 2013 的启动方式

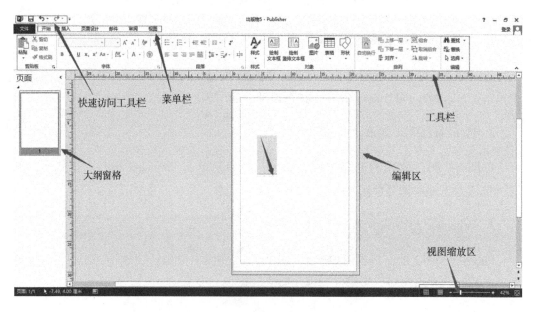

图 3–16　Publisher 2013 的窗口界面

菜单栏主要可视化选项卡展示如图3-17~图3-21所示。

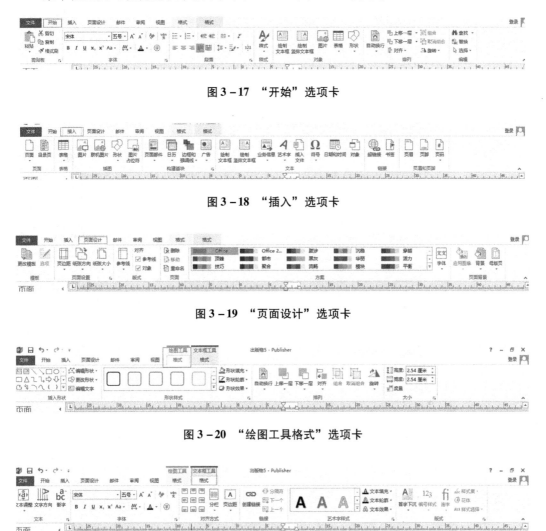

图3-17 "开始"选项卡

图3-18 "插入"选项卡

图3-19 "页面设计"选项卡

图3-20 "绘图工具格式"选项卡

图3-21 "文本框工具格式"选项卡

### 2.4.2 加载项

在编辑一些专业格式的文档时，会使用专业的编辑软件，下面以TCS软件为例进行讲解。TCS是中国标准编写模板，在Word中选择"文件"，单击"选项"，在弹出的对话框中选择"加载项"，找到要加载文件的位置，进行添加，如图3-22所示。添加后在选项标签中会显示"加载项"，如图3-23所示，这样就添加好了。然后单击"加载项"中添加的文件，会弹出如图3-24所示界面，选择"是"，之后会弹出如图3-25所示界面，这样就可以进行文档编辑了。在编辑过程中，把输入文字部分的内容在"加载项"中找到对应选项，然后单击选取，这样系统就自动编辑好格式了。

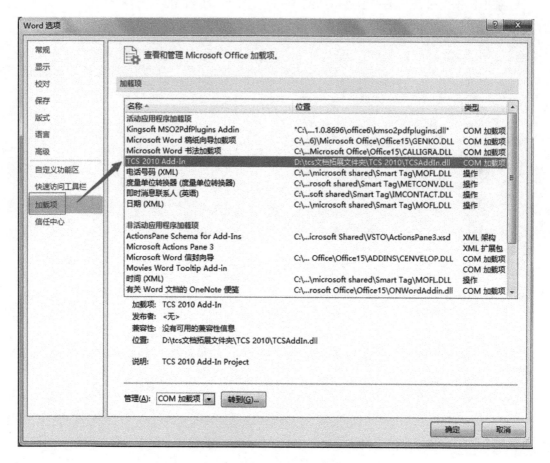

图 3-22 "加载项"对话框

图 3-23 添加后界面

图 3-24 "添加"页面

图 3-25 "加载项"界面

### 2.4.3 合同生成软件

合同生成软件是一款能够快捷生成简单合同的软件,比较适合小型企业频繁更新合同时使用,只需要更改模板即可生成合同,简单方便。

1. 安装相关软件

打开电脑浏览器,在网页地址栏中输入 https://pan.baidu.com/s/1XYLMC3syRe-ZkpQQAIT4zTQ,提取码为 hs3n,下载后对文件进行解压操作。

2. 内容编辑

在解压后的文件中找到"template.docx"文件,打开后,在标签栏单击"开发工具"后,进入编辑界面,如图 3-26 所示。

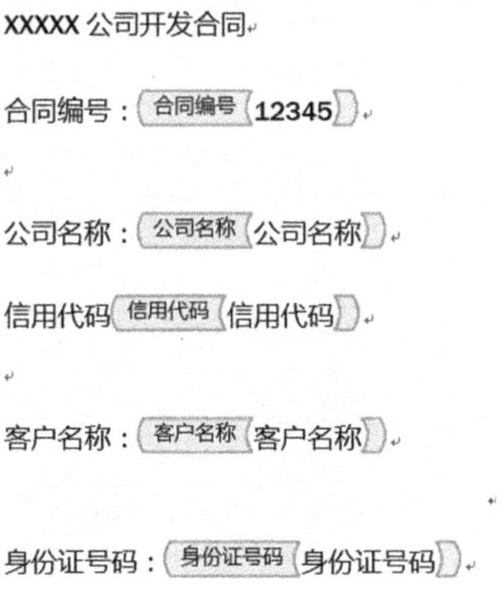

图 3-26 编辑界面

然后单击"合同生成器.exe"文件,进行编辑,编辑完成后单击"生成文档",如图 3-27 所示。在解压后的 output 文件中可以看到生成的合同内容,如图 3-28 所示。

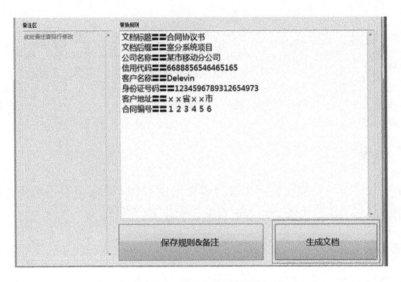

图 3－27　合同生成器编辑界面

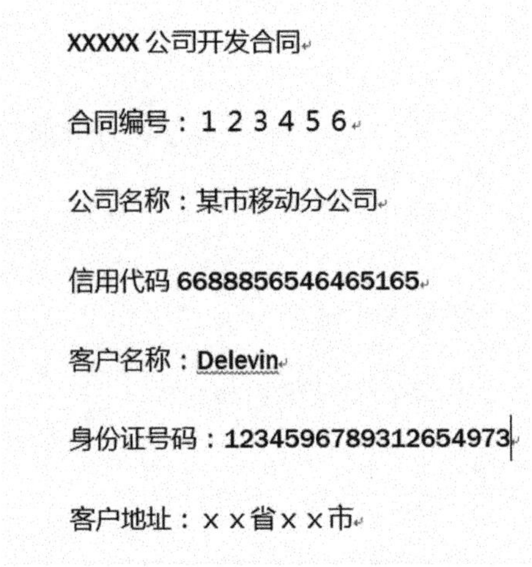

XXXXX 公司开发合同

合同编号：1 2 3 4 5 6

公司名称：某市移动分公司

信用代码 6688856546465165

客户名称：Delevin

身份证号码：1234596789312654973

客户地址：××省××市

图 3－28　生成后的合同内容

合同样本

作业

# 3　合同加密、加水印及 PDF 输出

## 知识目标

1. 掌握合同加密、加水印的方法
2. 掌握 PDF 的输出方式

## 技能目标

1. 能够为合同等文件进行加密、加水印操作
2. 能够熟练进行 PDF 输出操作

合同加密、加水印及 PDF 输出

任务单

### 3.1 任务描述

Word 作为最常用的办公软件，对其进行加密设置，也就是设置打开文档的密码，是保护隐私很常用的手段。同时，也可以限制他人随意改动 Word 文档。

框架合同文件已经制作完成，根据公司要求，小王需要对文件进行加密。为了鉴别真伪，防止拷贝复制，还要给文件增加水印，最后整理为 PDF 格式上交存档。

### 3.2 任务分析

根据任务要求，电子文档文件作为平时办公用到最多的办公软件资料，很多重要数据和资料都用文档进行保存。框架合同文件涉及公司重要的商业机密信息，所以电子文档加密是必不可少的，加密后的文件不影响正常编辑和保存。首先，小王需要掌握常用文档加密方法，对文档进行加密操作。其次，小王需要给文档添加水印，水印可以让文件受到版权保护。我们看到一些文档的文字后面有水印，有的水印是文字，有的水印是图片，这样可以更好保护文档版权和更具特色。给文件添加水印的前提是不能影响文件的美观性以及阅读的完整性。最后，小王需要把文档转化为 PDF 格式进行存档。

### 3.3 任务实施

步骤一：为框架合同文档设置密码。

（1）选择文档中的"文件"，在弹出界面中单击"信息"，选中"保护文档"选项卡，如图 3-29 所示。

（2）设置密码（图 3-30），在提示框中输入加密文档的密码（图 3-31），然后系统会提示确认

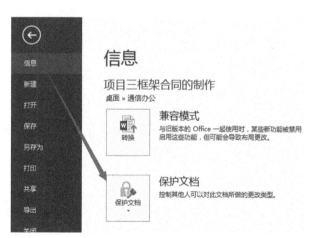

图 3-29 "保护文档"选项卡

密码（图 3-32），再次输入密码，这样就设置成功了。

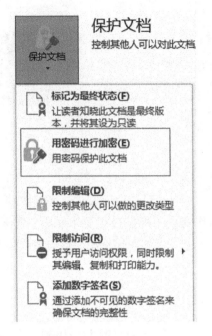

图3-30 选用密码加密

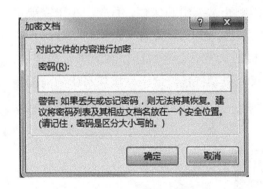

图3-31 输入密码界面

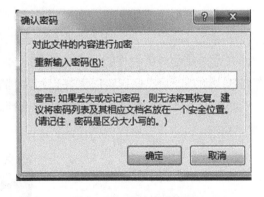

图3-32 确认密码界面

步骤二：为框架合同文档添加水印。

(1) 打开编辑好的框架合同文档内容，在菜单栏选择"设计"选项卡，在"页面背景"组中单击"水印"，如图3-33所示。

图3-33 选择"水印"

(2) 在弹出框中选择"自定义水印"，单击"文字水印"，在下面输入语言、水印文字、字体、字号大小、字体颜色和版式，单击"应用"，进行添加水印，如图 3 – 34 所示。

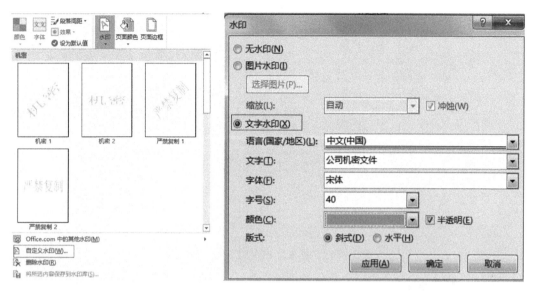

图 3 – 34　编辑水印

步骤三：将框架合同文档转化为 PDF 格式进行保存。

（1）打开已经添加好水印的框架合同文件，选择"文件"，单击"导出"，创建 PDF，如图 3 – 35 所示。

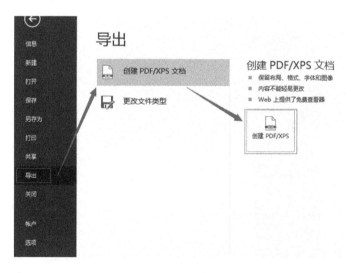

图 3 – 35　添加水印后文件转成 PDF 导出

（2）保存到所需要的位置，还可以在"选项"中设置所需要的内容，单击"确定"，最后单击"发布"，如图 3 – 36 所示。

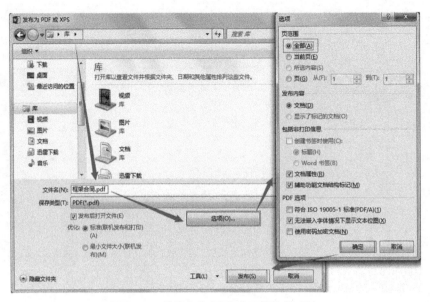

图 3-36 "发布为 PDF 或 XPS"选项卡

## 3.4 知识解析

### 3.4.1 文档加密方式

除了 3.3 节中介绍的加密方法外,还有一种常用的文档加密方式,具体操作如下:选择"文件"找到"另存为"选项,如图 3-37 所示;选择合适的位置,单击"工具",选择"常规选项",输入"打开文件时的密码",单击"确定",如图 3-38 所示。

图 3-37 "另存为"选项

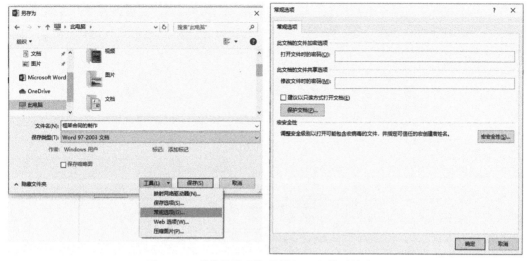

图3-38 "常规选项"设置打开文件时的密码

### 3.4.2 水印删除方式

删除水印的常用方法有两种，具体如下：

一种方法是在文档的菜单栏，选择"设计"选项卡，在"页面背景"组中单击"水印"，然后选择"删除水印"，如图3-39所示。

图3-39 删除水印方法一

另一种方法是在文档的菜单栏,选择"设计"选项卡,在"页面背景"组中单击"水印",选择"自定义水印",打开"水印"对话框,选择"无水印",然后单击"确定",如图3-40所示。

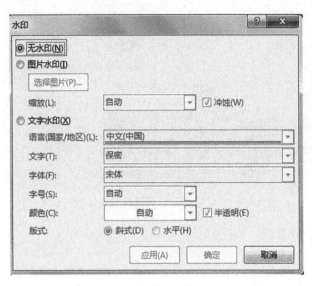

图3-40 删除水印方法二

作业

# 项目四

# 基站信息表制作

基站信息表是网络优化工作中必不可少的信息本。在日常网络优化工作中需要及时地更新基站信息表,以方便查询每个基站基础信息(如方位角、下倾角等)。本项目以某通信公司 4G 网络优化项目的信息表为例,详细介绍了基站信息表及基站拓扑图的制作方法。

## 1 ××地区 LTE 网络基站信息表制作

### 知识目标

1. 掌握基站信息表的制作方法
2. 了解各基站参数的定义与作用
3. 掌握 Excel 2013 的操作技巧

任务 1 基站信息表的制作

### 能力目标

1. 能够灵活使用 Excel 2013
2. 能够使用 Excel 2013 制作基站信息表

### 1.1 任务描述

任务单

网络优化项目合同签订后,工程技术人员要进行网络调试,测试网络优化过程中的基站信息。项目负责人将制作基站信息表的任务交给项目助理小王。小王查阅资料并请教工程技术人员了解到:①用 TEMS 软件进行网络调试;②甲方已给定现网工参表,如图 4-1 所示。小王需要制作一张能够被 TEMS 软件识别的包含参数的 Excel 表格,并以"学号 + LTE 网络基站信息表"命名。

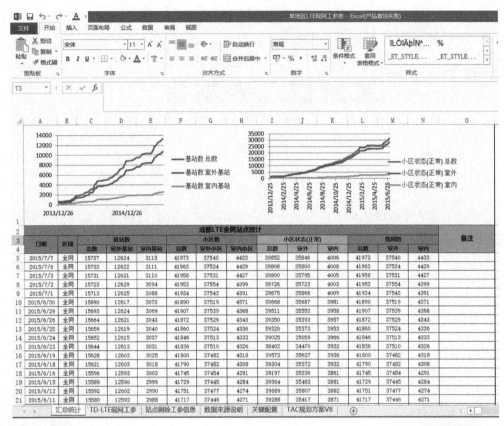

图 4-1 现网工参表

某地区 LTE 现网工参表

## 1.2 任务分析

根据任务要求，首先确定基站信息所包含的参数名称及其与现网参数的对应关系，如图 4-2 所示；其次在现网工参表的几万个甚至几十万个参数中查找相应的参数，将其复制粘贴；最后进行参数的整理修改。

| TAC号 | 站点号 | 站点名 | 小区号 | 小区名 | PCI | PRACH | 经度 | 纬度 |
|---|---|---|---|---|---|---|---|---|
| 跟踪区域码 | 空白 | 现网基站名称 | CGI | 现网小区名称 | 物理小区标识 | 根序列索引 | 经度 | 纬度 |

| 半径_米 | 波瓣_度 | 覆盖类型 | 频段 | 下行频点 | 上行频点 | 方向角 | 双工 |
|---|---|---|---|---|---|---|---|
| 空白 | 空白 | 覆盖类型<br>Outdoor改为宏站<br>Indoor改为室分 | 频段类型 | 下行频点 |  | 方位角 | TDD |

图 4-2 参数对应关系

## 1.3 任务实施

| 操作步骤 | 操作过程 | 操作说明 |
|---|---|---|
| 步骤1<br>新建"基站信息表"文件 | 参见项目2 | 新建Excel文件，并将其命名为"学号＋LTE网络基站信息表" |
| 步骤2<br>编辑参数表头 | | 填写基站信息至Excel表格的第一行 |
| 步骤3<br>填写参数值 | （1）使用组合键"Ctrl＋F"查找参数"跟踪区域码"；<br><br>（2）使用组合键"Ctrl＋Shift＋下键"选择"跟踪区域码"参数值；<br>（3）使用组合键"Ctrl＋C"复制参数值；<br>（4）使用组合键"Ctrl＋V"粘贴参数值；<br>（5）用同样的方法填写其他参数值（除"双工"） | 在现网参数表中查找对应的参数值，并将其复制粘贴至基点信息表的相应位置上 |
| 步骤4<br>替换参数 | （1）使用组合键"Ctrl＋F"选择"替换"，将查找内容"outdoor"替换为"宏站"，单击"全部替换"。<br><br>（2）用同样的方法将参数"覆盖类型"中的"Indoor"全部替换成"室分" | 将参数"outdoor"和"Indoor"分别替换为"宏站"和"室分" |

续表

| 操作步骤 | 操作过程 | 操作说明 |
| --- | --- | --- |
| 步骤5<br>填充内容 | 在Q2单元格写"TDD",选中Q2单元格,将鼠标放在单元格右下角,当鼠标上出现"+"时,鼠标左键单击向下拉 | 完成基站信息表制作 |
| 步骤6<br>修饰基站信息表 | 参见项目2对表格的字体、边框、底纹等进行设置 | 使基站信息表更美观 |

## 1.4 知识解读

### 1.4.1 基站信息表

基站信息表是网络优化工作中必不可少的信息本,在日常网络优化工作中,需要及时地进行更新,以方便查询每个基站基础信息(如方位角、下倾角等)。基站信息表信息一般由两部分组成:一是在后台提取配置数据——小区实体参数(从中获得每个基站的站号、小区号、小区名称、经纬度等配置信息);二是基站信息表中小区的方位角、下倾角、站高、天线增益等信息需要从使用方那里获得,或者在日常网络优化工作中得到这些参数后再及时更新基站信息表。

基站信息表一般以Excel表格的形式存在,将其导入MapInfo软件,制作基站拓扑图。

(1) TAC号,Tracking Area Code of cell served by neighbor Enb,即区域跟踪码,本参数定义了小区所属的跟踪区域码,一个跟踪区域可以涵盖一个或多个小区。

(2) PCI,Physical Cell Identifier,即物理小区标识,LTE终端以此区分不同小区的无线信号。LTE系统提供504个PCI。

(3) PRACH,Physical Random Access Channel,即物理随机接入信道,是UE(User Equipment,用户设备)一开始发起呼叫时的接入信道,UE接收到FPACH(Fast Physical Access Channel,快速物理接入信道)响应消息后,会根据Node B指示的信息在PRACH信道发送"RRC Connection Request"消息,进行RRC连接的建立。

(4) 频段划分如图4-3所示。

### 1.4.2 Excel使用技巧

1. Ctrl+Shift+方向键:连续选中

选中任意单元格,使用组合键"Ctrl+Shift+右方向键",即可选中该单元格右侧

| E-UTRA 工作频段 | Uplink(UL)工作频段 BS接收 UE传递 | | | Downlink(DL)工作频段 BS传送 UE接收 | | | 双工模式 |
|---|---|---|---|---|---|---|---|
| | $F_{UL\_low}$ | – | $F_{UL\_high}$ | $F_{DL\_low}$ | – | $F_{DL\_high}$ | |
| 1 | 1920 MHz | – | 1980 MHz | 2110 MHz | – | 2170 MHz | FDD |
| 2 | 1850 MHz | – | 1910 MHz | 1930 MHz | – | 1990 MHz | FDD |
| 3 | 1710 MHz | – | 1785 MHz | 1805 MHz | – | 1880 MHz | FDD |
| 4 | 1710 MHz | – | 1755 MHz | 2110 MHz | – | 2155 MHz | FDD |
| 5 | 824 MHz | – | 849 MHz | 869 MHz | – | 894MHz | FDD |
| 6[1] | 830 MHz | – | 840 MHz | 875 MHz | – | 885 MHz | FDD |
| 7 | 2500 MHz | – | 2570 MHz | 2620 MHz | – | 2690 MHz | FDD |
| 8 | 880 MHz | – | 915 MHz | 925 MHz | – | 960 MHz | FDD |
| 9 | 1749.9 MHz | – | 1784.9 MHz | 1844.9 MHz | – | 1879.9 MHz | FDD |
| 10 | 1710 MHz | – | 1770 MHz | 2110 MHz | – | 2170 MHz | FDD |
| 11 | 1427.9 MHz | – | 1447.9 MHz | 1475.9 MHz | – | 1495.9 MHz | FDD |
| 12 | 699 MHz | – | 716 MHz | 729 MHz | – | 746 MHz | FDD |
| 13 | 777 MHz | – | 787 MHz | 746 MHz | – | 756 MHz | FDD |
| 14 | 788 MHz | – | 798 MHz | 758 MHz | – | 768 MHz | FDD |
| 15 | Reserved | | | Reserved | | | FDD |
| 16 | Reserved | | | Reserved | | | FDD |
| 17 | 704 MHz | – | 716 MHz | 734 MHz | – | 746 MHz | FDD |
| 18 | 815 MHz | – | 830 MHz | 860 MHz | – | 875 MHz | FDD |
| 19 | 830 MHz | – | 845 MHz | 875 MHz | – | 890 MHz | FDD |
| 20 | 832 MHz | – | 862 MHz | 791 MHz | – | 821 MHz | FDD |
| 21 | 1447.9 MHz | – | 1462.9 MHz | 1495.9 MHz | – | 1510.9 MHz | FDD |
| 22 | 3410 MHz | – | 3490 MHz | 3510 MHz | – | 3590 MHz | FDD |
| 23 | 2000 MHz | – | 2020 MHz | 2180 MHz | – | 2200 MHz | FDD |
| 24 | 1626.5 MHz | – | 1660.5 MHz | 1525 MHz | – | 1559 MHz | FDD |
| 25 | 1850 MHz | – | 1915 MHz | 1930 MHz | – | 1995 MHz | FDD |
| 26 | 814 MHz | – | 849 MHz | 859 MHz | – | 894 MHz | FDD |
| 27 | 807 MHz | – | 824 MHz | 852 MHz | – | 869 MHz | FDD |
| 28 | 703 MHz | – | 748 MHz | 758 MHz | – | 803 MHz | FDD |
| … | | | | | | | |
| 33 | 1900 MHz | – | 1920 MHz | 1900 MHz | – | 1920 MHz | TDD |
| 34 | 2010 MHz | – | 2025 MHz | 2010 MHz | – | 2025 MHz | TDD |
| 35 | 1850 MHz | – | 1910 MHz | 1850 MHz | – | 1910 MHz | TDD |
| 36 | 1930 MHz | – | 1990 MHz | 1930 MHz | – | 1990 MHz | TDD |
| 37 | 1910 MHz | – | 1930 MHz | 1910 MHz | – | 1930 MHz | TDD |
| 38 | 2570 MHz | – | 2620 MHz | 2570 MHz | – | 2620 MHz | TDD |
| 39 | 1880 MHz | – | 1920 MHz | 1880 MHz | – | 1920 MHz | TDD |
| 40 | 2300 MHz | – | 2400 MHz | 2300 MHz | – | 2400 MHz | TDD |
| 41 | 2496 MHz | – | 2690 MHz | 2496 MHz | – | 2690 MHz | TDD |
| 42 | 3400 MHz | – | 3600 MHz | 3400 MHz | – | 3600 MHz | TDD |
| 43 | 3600 MHz | – | 3800 MHz | 3600 MHz | – | 3800 MHz | TDD |
| 44 | 703 MHz | – | 803 MHz | 703 MHz | – | 803 MHz | TDD |

1:频段6不可用

图 4 – 3  频段划分

所有带数据的单元格区域。

选中任意单元格,使用组合键"Ctrl + Shift + 下键",即可选中该单元格下方所有带数据的单元格区域。

选中任意单元格,使用组合键"Ctrl + Shift + 左方向键",即可选中该单元格左侧所有带数据的单元格区域。

选中任意单元格,使用组合键"Ctrl + Shift + 上键",即可选中该单元格上方所有带数据的单元格区域。

注:当需要选中的单元格中间有空格时,需用连续按"CTRL + Shift + 方向键",即可选中连续的内容。如中间出现间断,需要一直按"Ctrl + Shift + 方向键"选中所需内容。

2. Ctrl + F:查找替换

使用组合键"Ctrl + F",可出现"查找和替换"对话框,如图 4 – 4 所示。

查找:将查找内容填入,如查找"现网小区名称",单击"查找下一个",左上角

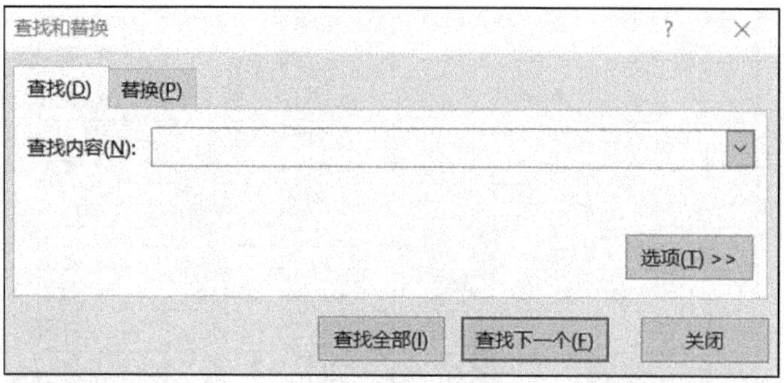

图 4 – 4　查找替换

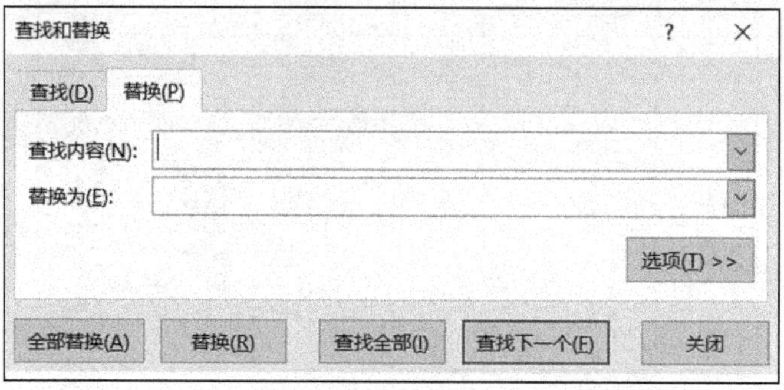

(a) 查找；(b) 替换

的"名称框"一直在滚动查找，直至找到此单元格为止，此时"名称框"显示"现网小区名称"所在的单元格为"E1"，同时此单元格也会被选中，如图 4 – 5 所示；若多个单元格的内容是"现网小区名称"，则单击"查找下一个"，单元格继续被选中；或单击"查找全部"，所有包含此内容的单元格全部被列出，如图 4 – 6 所示。

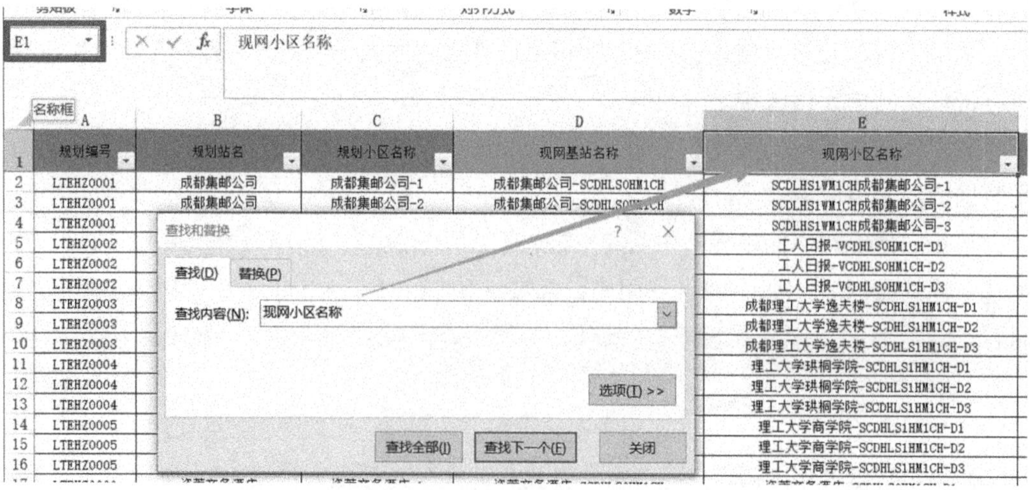

图 4 – 5　查找单个

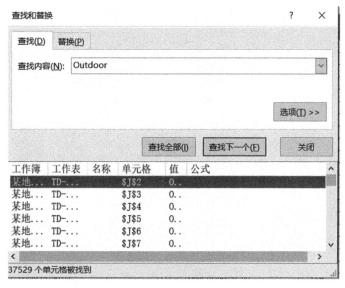

图 4-6 查找多个

替换：将要替换的内容和被替换的内容填入相应的位置，单击"全部替换"进行内容替换，替换完成后显示完成及替换的个数，如图 4-7 所示。

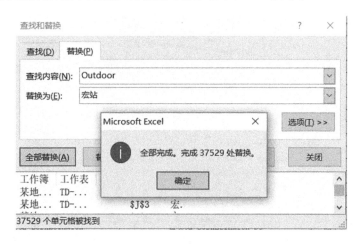

图 4-7 替换结果

3. 冻结窗格

当表格中的数据量很大时，往下拖动浏览数据时标题行或列被淹没，不知道每一行或每一列数据代表的具体项目，可使用"冻结窗格"功能。冻结窗格后，相应的单元格在数据拖动的过程中保持不动，方便查看数据所代表的具体内容。"冻结窗格"操作如图 4-8 所示。

冻结首行：如果表格的首行就是标题行，直接单击"视图"选项卡下的"冻结窗格"—"冻结首行"即可。完成操作后，再次浏览表格时，首行不再随表移动，始终保

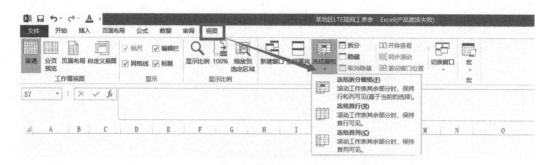

图 4-8 冻结窗格

持在首行。

冻结首列：与"冻结首行"设置方法一样，设置后，当向右边查看数据时，首列不动，方便对应前面的数据。

冻结多行或多列：如冻结前 4 行和前 2 列，先选中数据区域最左上角的单元格（C5 单元格），然后单击上方的"冻结拆分窗格"。简单地说，以选中的单元格为界，上面和左边的部分被冻结，其余的部分正常移动，如图 4-9 所示。

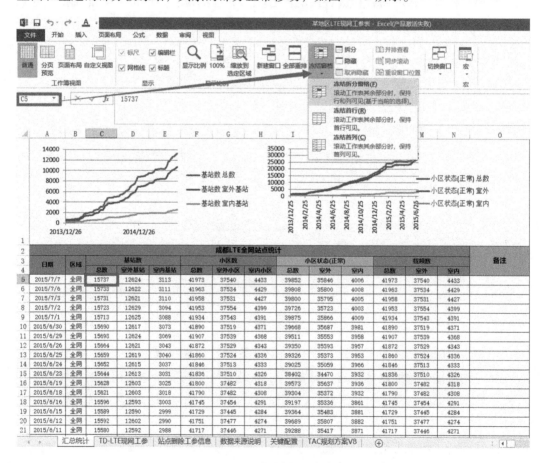

图 4-9 冻结多行或多列

4. 筛选

筛选“功能”可将符合条件的记录显示在数据表格中，隐藏不符合条件的记录。

常规筛选：选择表格中任意单元格，执行“数据”—“筛选”，在第一排的下方，就会多一个倒三角，单击这个倒三角，就会出现很多的选项，如图 4－10 所示。

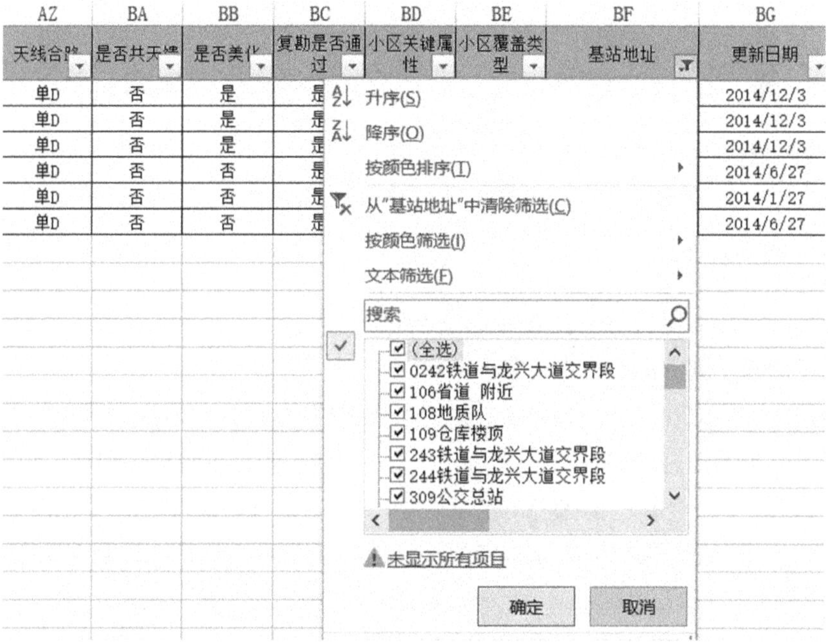


图 4－10　常规筛选

选择“基站地址”参数中的“IT 大道公园里面”和“IT 大道非物质公园段”，注意勾选，筛选结果如图 4－11 所示。

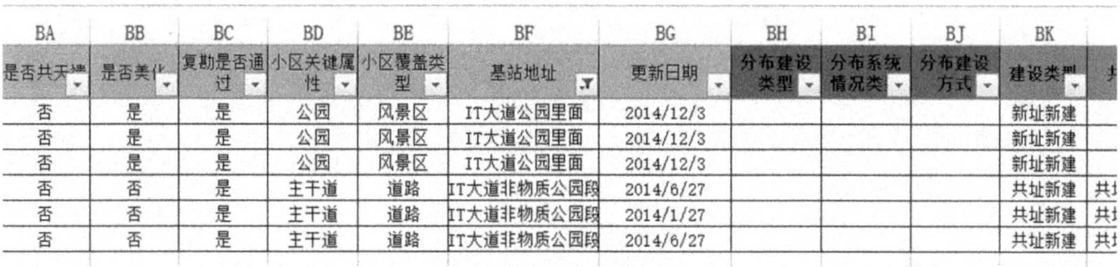

| BA | BB | BC | BD | BE | BF | BG | BH | BI | BJ | BK | |
|---|---|---|---|---|---|---|---|---|---|---|---|
| 是否共天线 | 是否美化 | 复勘是否通过 | 小区关键属性 | 小区覆盖类型 | 基站地址 | 更新日期 | 分布建设类型 | 分布系统情况类 | 分布建设方式 | 建设类型 | 共 |
| 否 | 是 | 是 | 公园 | 风景区 | IT大道公园里面 | 2014/12/3 | | | | 新址新建 | |
| 否 | 是 | 是 | 公园 | 风景区 | IT大道公园里面 | 2014/12/3 | | | | 新址新建 | |
| 否 | 是 | 是 | 公园 | 风景区 | IT大道公园里面 | 2014/12/3 | | | | 新址新建 | |
| 否 | 否 | 是 | 主干道 | 道路 | IT大道非物质公园段 | 2014/6/27 | | | | 共址新建 | 共 |
| 否 | 否 | 是 | 主干道 | 道路 | IT大道非物质公园段 | 2014/1/27 | | | | 共址新建 | 共 |
| 否 | 否 | 是 | 主干道 | 道路 | IT大道非物质公园段 | 2014/6/27 | | | | 共址新建 | 共 |

图 4－11　常规筛选结果

高级筛选：需要设定筛选条件，并放置在别处，避开数据源。选择表格中任意单元格，执行“数据”—“排序和筛选”—“高级筛选”，按图 4－12 所示设定条件。单击“确定”后得到筛选结果。

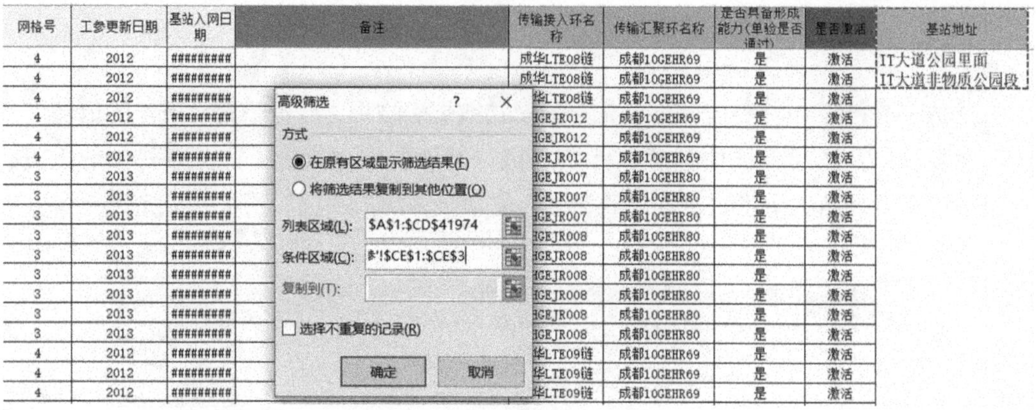

图4-12 高级筛选

**5. 升序降序功能**

日常生活中需要对数据进行排列，从而更好地观察数据，更好地看出数据的发展趋势。这就需要用到 Excel 中的升序降序功能。

单列排序：如果在 Excel 工作表中只按某个字段进行排序，那么这种排序方式就是单列排序。这里需要理解的一个概念是"字段"，"字段"即表格中的某一行或某一列的名称。如图4-13中的"经度""纬度""CGI"等，每一个都是一个字段。

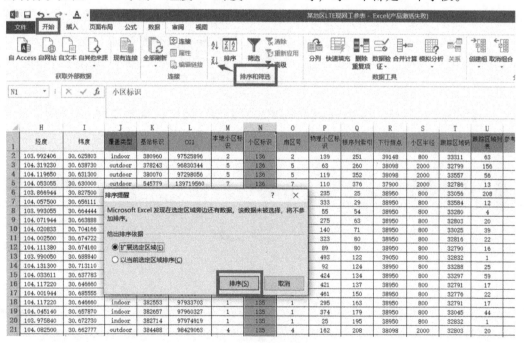

图4-13 单字段排序

下面以"小区标识"由高到低排序为例，介绍单列排序的方法。

选中"小区标识"列—单击"开始"选项卡中的"排序和筛选"—单击"降序"—

单击"排序",如图 4-13 所示。

注:在实际操作过程中,升序和降序都需要注意排序的内容是文本还是数字。如果是文本,升序根据英文字母从 A—Z 进行排序,降序从 Z—A 进行排序;如果是数字,升序从小到大排序,降序从大到小排序。

多关键字排序:如果希望按照多个条件进行排序,以获得更加精确的排序结果,可以使用多关键字进行排序。

下面以"小区标识"列降序,"根序列索引"列升序为例介绍多关键字排序的方法。

单击"开始"选项卡中的"编辑和筛选"—单击"排序"—设置"主要关键字"的排序条件—单击"添加条件"—设置"次要关键字"的排序条件—单击"确定"。操作步骤如图 4-14 所示,结果如图 4-15 所示。

图 4-14 多关键字排序

| 基站标识 | CGI | 本地小区标识 | 小区标识 | 扇区号 | 物理小区标识 | 根序列索引 | 下行频点 | 小区半径 | 跟踪区域码 |
|---|---|---|---|---|---|---|---|---|---|
| 380960 | 97525896 | 2 | 136 | 2 | 139 | 251 | 39148 | 800 | 33311 |
| 378243 | 96830344 | 5 | 136 | 5 | 63 | 260 | 38098 | 2000 | 32799 |
| 380070 | 97298056 | 5 | 136 | 5 | 119 | 352 | 38098 | 2000 | 33557 |
| 545779 | 139719560 | 7 | 136 | 7 | 110 | 376 | 37900 | 2000 | 32786 |
| 381571 | 97682311 | 1 | 135 | 1 | 235 | 25 | 38950 | 800 | 33056 |
| 381035 | 97545095 | 1 | 135 | 1 | 333 | 29 | 38950 | 800 | 33584 |
| 382980 | 98043015 | 1 | 135 | 1 | 55 | 54 | 38950 | 800 | 33280 |
| 381602 | 97690247 | 1 | 135 | 1 | 275 | 63 | 38950 | 800 | 32803 |
| 381949 | 97779079 | 1 | 135 | 1 | 140 | 71 | 38950 | 800 | 33025 |
| 381667 | 97706887 | 1 | 135 | 1 | 323 | 80 | 38950 | 800 | 32816 |
| 383138 | 98083463 | 1 | 135 | 1 | 89 | 80 | 38950 | 800 | 32790 |
| 381670 | 97707655 | 1 | 135 | 1 | 493 | 122 | 39050 | 800 | 32832 |
| 382341 | 97879431 | 1 | 135 | 1 | 92 | 124 | 38950 | 800 | 33288 |
| 380978 | 97530503 | 1 | 135 | 1 | 424 | 134 | 38950 | 800 | 33297 |

图 4-15 多关键字排序结果

多关键字排序首先满足的是第一个关键字,然后才是第二、第三、第四个关键字。在操作多关键字排序的过程中,不需要特别将鼠标定位在某一个单元格中,因为在对话框中会重新选择排序的字段。

## 2　基站拓扑图制作

任务2　基站拓扑图制作

**知识目标**

1. 了解 TEMS 的使用方法
2. 熟悉 MapInfo 软件的操作界面
3. 掌握扇区拓扑图的制作方法

**能力目标**

能够使用 MapInfo 软件制作扇区拓扑图

任务单

### 2.1　任务描述

小王检查制作完成的 LTE 网络基站信息表制作的正确与否,需将其导入 MapInfo 软件,看看是否能生成基站扇区图,如图 4-16 所示。

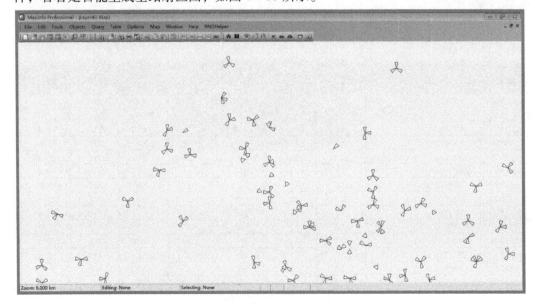

图 4-16　基站扇区图

## 2.2 任务分析

检验基站信息表制作的成功与否，最直观的方法就是将其导入 MapInfo 软件，查看是否能生成相应数量的扇区图。首先安装 MapInfo 的软件，然后加载 RNO 文件，最后导入基站信息表，生成扇区图。

## 2.3 任务实施

| 操作步骤 | 操作过程 | 操作说明 |
| --- | --- | --- |
| 步骤1<br>安装<br>MapInfo<br>软件 | （1）打开安装文件夹—双击"MapInfo Professional"—选中"I accept the terms in the license agreement"—单击"Next"—单击"Next"；<br>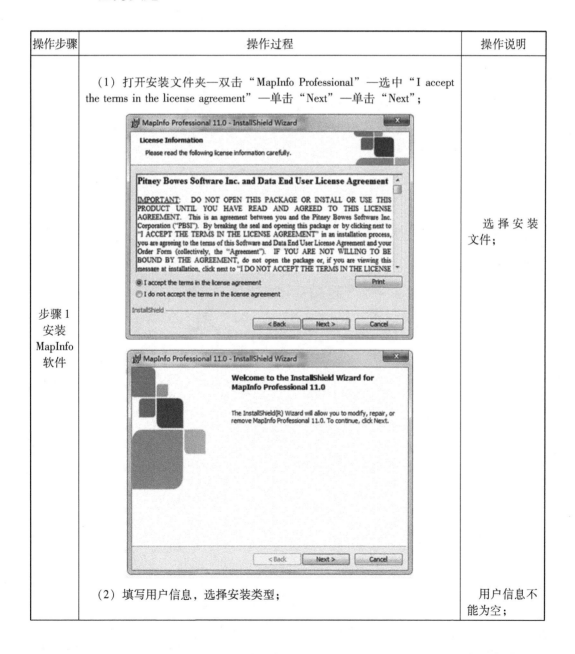<br>（2）填写用户信息，选择安装类型； | 选择安装文件；<br><br><br><br><br><br><br><br><br><br><br><br><br><br><br><br><br><br>用户信息不能为空； |

**续表**

| 操作步骤 | 操作过程 | 操作说明 |
| --- | --- | --- |
| 步骤 1<br>安装<br>MapInfo<br>软件 | 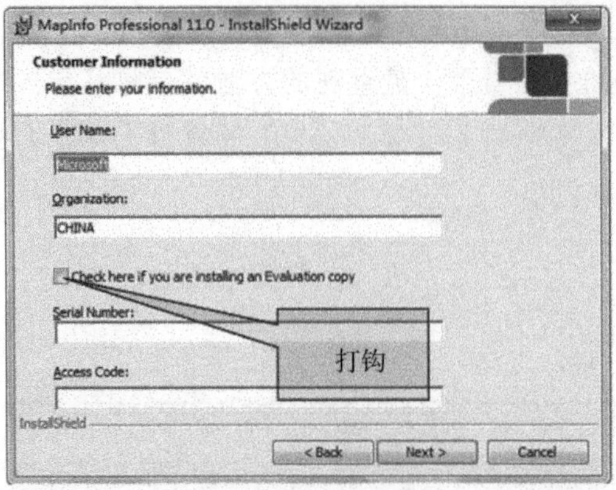<br>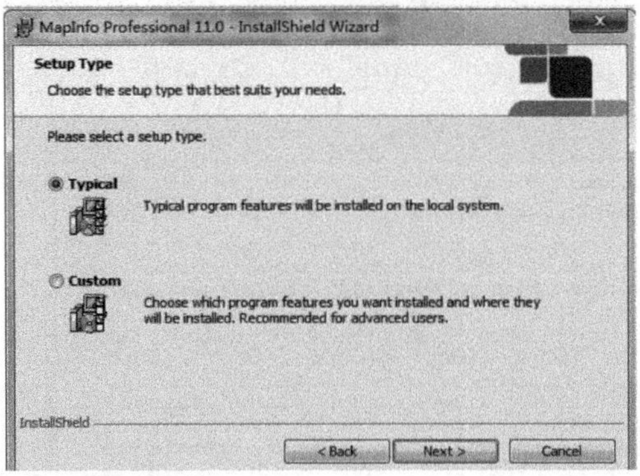<br>（3）选择更改安装路径；<br>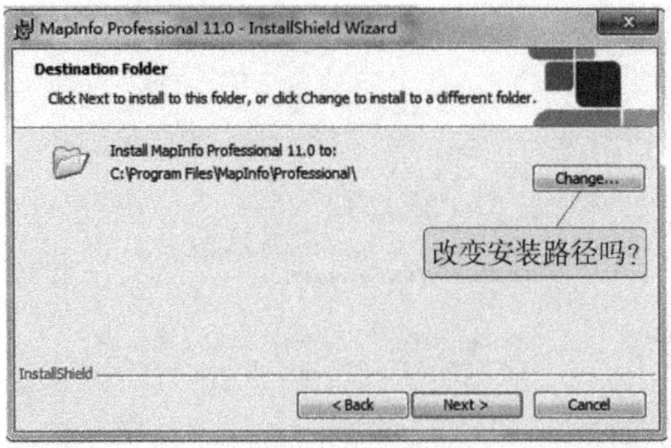<br>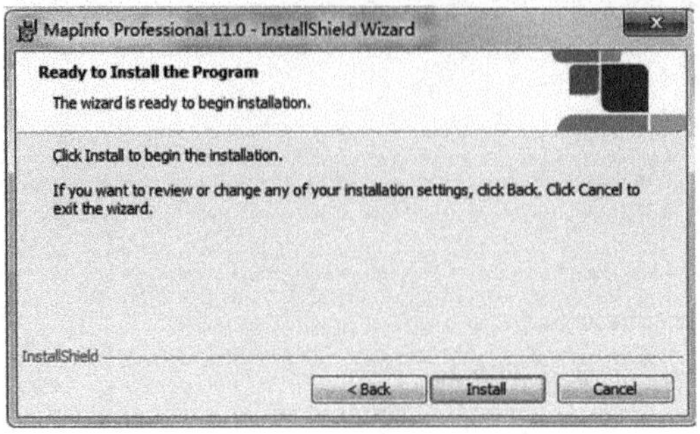 | 选择安装路径； |

续表

| 操作步骤 | 操作过程 | 操作说明 |
|---|---|---|
| 步骤1<br>安装<br>MapInfo<br>软件 | （4）安装完成：选择不用网络更新，单击"Finish"完成安装<br>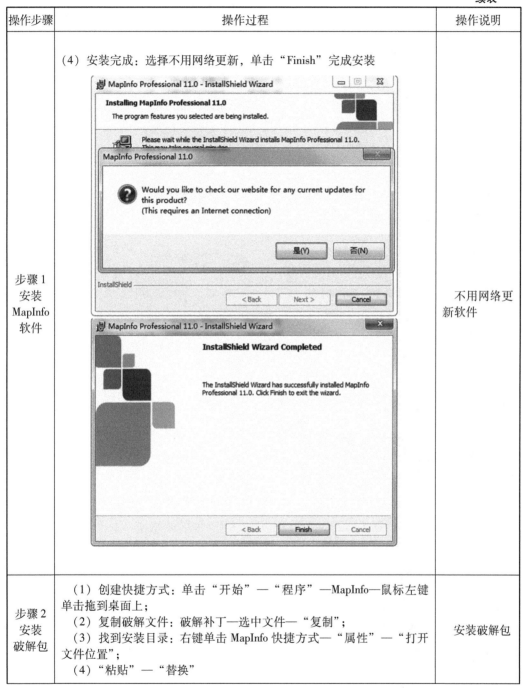 | 不用网络更新软件 |
| 步骤2<br>安装<br>破解包 | （1）创建快捷方式：单击"开始"—"程序"—MapInfo—鼠标左键单击拖到桌面上；<br>（2）复制破解文件：破解补丁—选中文件—"复制"；<br>（3）找到安装目录：右键单击 MapInfo 快捷方式—"属性"—"打开文件位置"；<br>（4）"粘贴"—"替换" | 安装破解包 |

| 操作步骤 | 操作过程 | 操作说明 |
|---|---|---|
| 步骤3<br>加载<br>RNO<br>文件 | （1）打开 MapInfo 软件，单击"Tools"——"Tool Manager"；<br><br>（2）单击"Add Tool"，填写 tool 名称，查找 RNO 文件路径，单击"RNOHelper_V1.2.0.MBX"文件，打开；<br>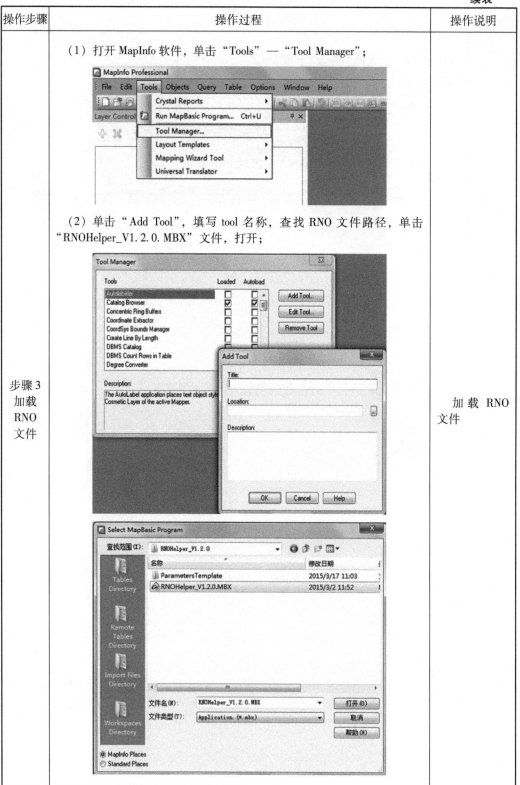 | 加载 RNO<br>文件 |

续表

| 操作步骤 | 操作过程 | 操作说明 |
|---|---|---|
| 步骤3 加载 RNO 文件 | （3）勾选"RNO"—"OK"，安装完成 | 加载 RNO 文件 |
| 步骤4 导入 基站 信息表 | （1）打开 MapInfo—RONHelper—"基础功能"—"4G 扇区制作"—"OK"；<br><br>（2）选择"工参表.xls"—"打开"—"OK" | 导入基站信息表，生成扇区图 |

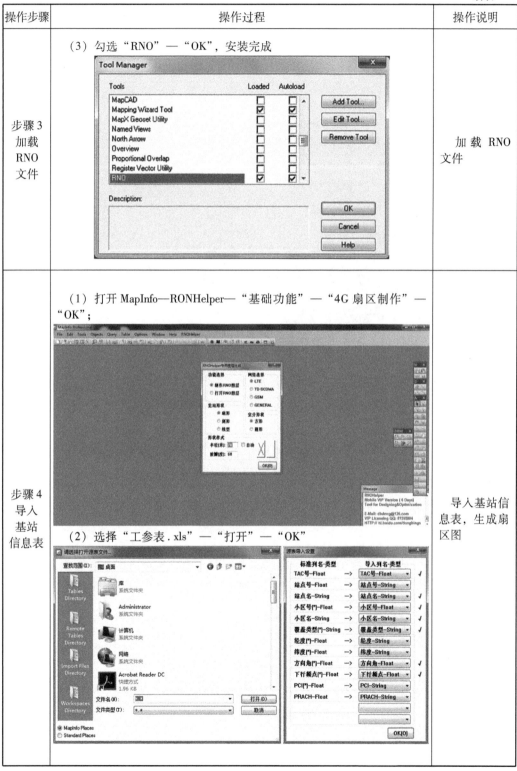

## 2.4 知识解读

### 2.4.1 MapInfo

MapInfo 是一款桌面地理信息系统软件，也是一种数据可视化、信息地图化的桌面解决方案。无线网络的优化和规划，很大程度上需要依托地理位置信息来进行，即较多情况下要使用电子地图。

1. 画点

在菜单中选择：Table -> Create Points...（创建点），如图 4 - 17 所示。

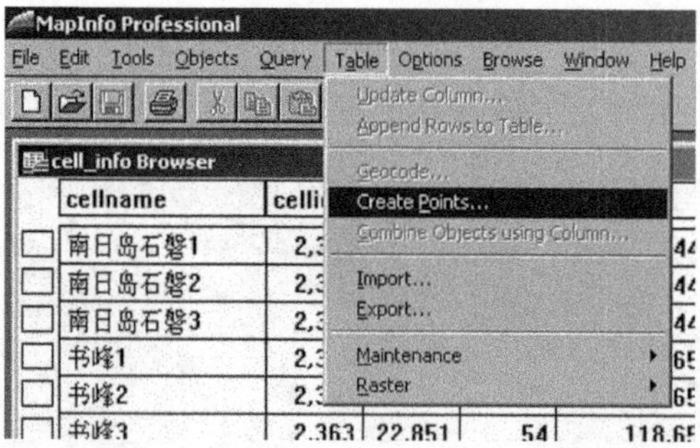

图 4 - 17　创建点

随后出现创建点的设置对话框，单击"using Symbol"，可以对创建的点的样式进行设置，如大小、形状、颜色等，如图 4 - 18 和图 4 - 19 所示。

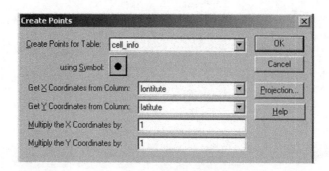

图 4 - 18　创建点的设置对话框

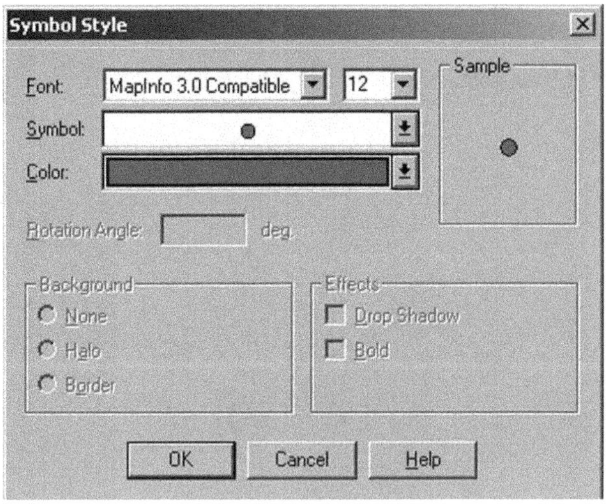

项目四 基站信息表制作

图 4-19 点样式设置

回到创建点的对话框，在图 4-20 所示下拉菜单中进行点的位置设置。X 轴的值使用表格中的经度，Y 轴的值用表格中的纬度，这样点的坐标就确定了。

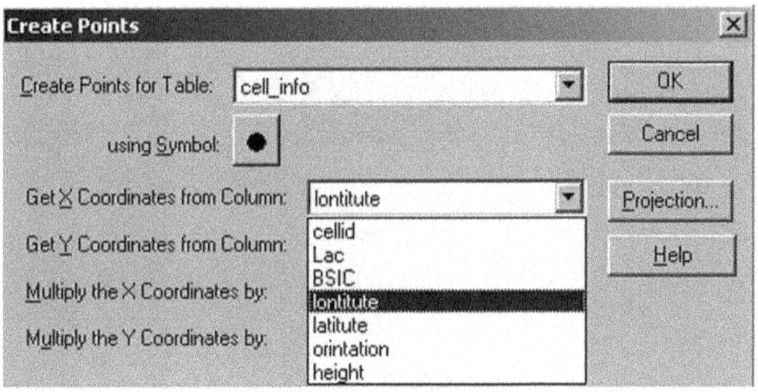

图 4-20 点位置设置

在菜单中选择 Window -> New Map Window，各站点的位置就出现在屏幕上了，如图 4-21 和图 4-22 所示。

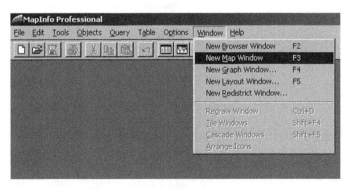

图 4-21 New Map Window 命令

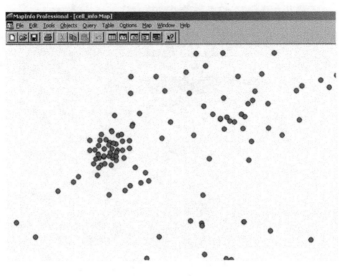

图 4-22  站点图

如果已经有该城市的 MapInfo 地图，可以同时在 MapInfo 中打开，这样各个基站在城市中的位置就一目了然了，如图 4-23 所示。

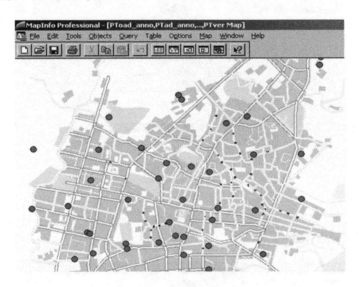

图 4-23  站点位置信息图

2. 站点信息显示

图 4-23 中显示的站点只是几个红色的圆圈，还可以通过设置把站点的其他信息显示出来，如小区号等，这就需要用到层的控制。打开层的设置对话框的方法是：在悬浮的工具栏中选 Layer Control 图标或者从菜单中选择 Map -> Layer Control，如图 4-24 所示。

项目四 基站信息表制作　　133

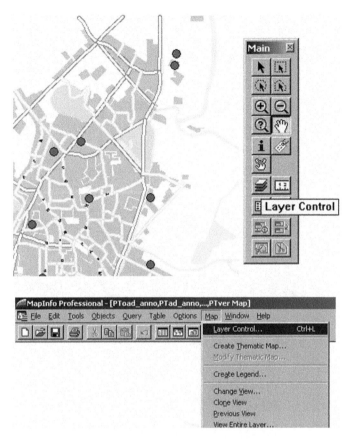

图4-24　Layer Control 命令

进入层控制对话框后，先选择"cell_info"这一层，单击"Label..."按钮，如图4-25所示。

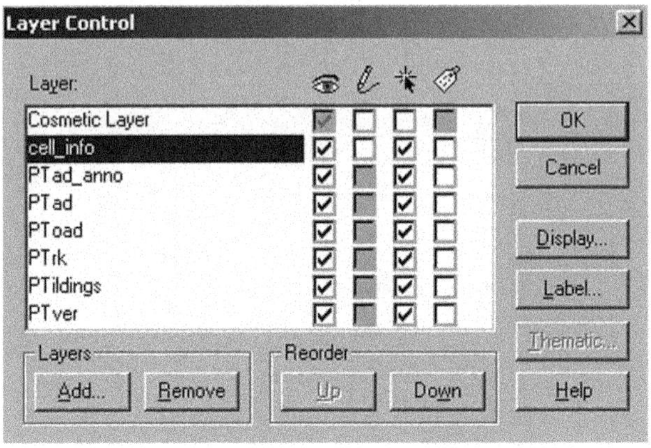

图4-25　Layer Control 对话框

在出现的 Label Options 对话框中可以对要显示的信息进行设置：Label with 中选择要显示的项目；Styles 中对显示的文字字体进行设置，单击图4-26中圈出的按钮后进入设置对话框，如图 4-27 所示，根据个人习惯进行设置，完成后单击"OK"。

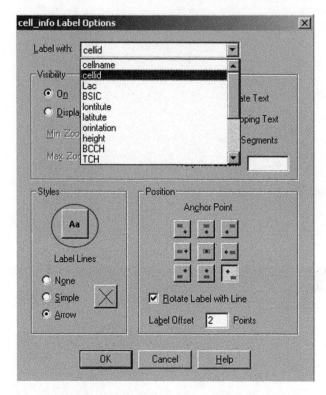

图 4-26　cell_info Label Options 对话框

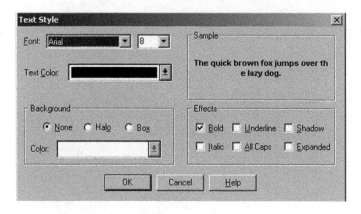

图 4-27　Text Style 对话框

再回到 Layer Control 对话框把显示 Label 的复选框勾上，然后单击"OK"，这样每个小区的小区号就出现在站点旁边，如图 4-28 所示。根据不同的需要，还可以选择显示站名等其他信息。

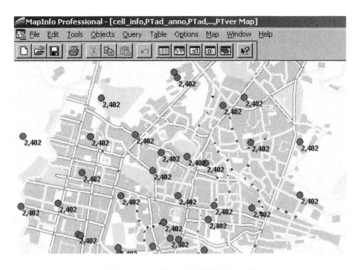

图 4-28 带小区号的站点图

### 2.4.2 TEMS

TEMS 是爱立信公司开发的一套测试软件，适用于无线网络故障检测、排查、优化和维护，包括前台测试软件和后台分析软件。下面以室分系统测试为例介绍 TEMS 网络测试的方法。

1）运行 TEMS Investigation 软件。

2）软件打开后，主窗口的工具栏上有"Connect all"和"Connect"按钮，单击"Connect all（F2）"按钮连接所有设备（或者选中各个设备，分别单击"Connect"按钮连接），如图 4-29 所示。

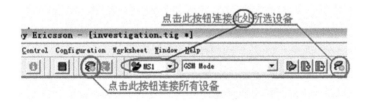

图 4-29 设备连接工具

注意观察在"Equipment Configuration"窗口中会显示连接成功的设备，主窗口右下角的状态栏也会显示设备连接状态，如图 4-30 所示。

3）设置测试业务程序。

在窗口下方单击"Ctrl&Config"选项卡，进入"Command Sequence"窗口控制界面，如图 4-31 所示。

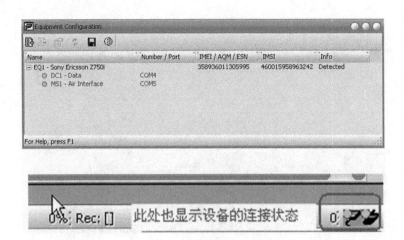

图 4-30　设备连接状态图

(1) 单击"Open"按钮，选择测试模板。

(2) 选择好需要测试的项目后，进入项目开始编辑，单击"Edit"按钮，在右侧设置窗口中输入被叫号码、持续时间、呼叫类型（呼叫类型分为语音通话 Voice 和视频通话 Video）等信息，如图 4-31 和图 4-32 所示。

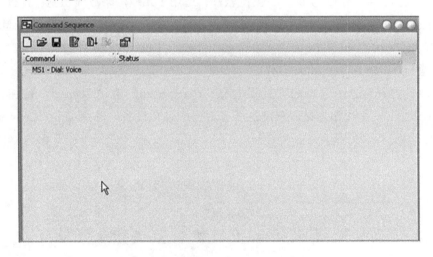

图 4-31　Command Sequence 窗口控制界面

(3) 单击 ![icon] 设置呼叫次数与间隔，如图 4-33 所示。

项目四 基站信息表制作

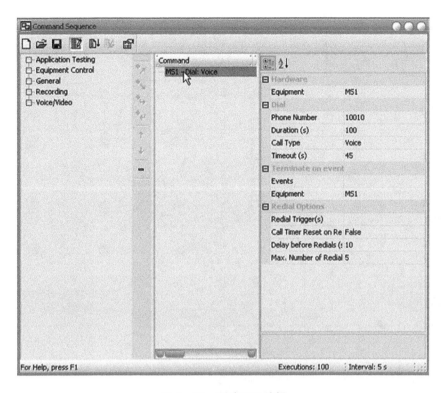

图 4-32 测试项目编辑

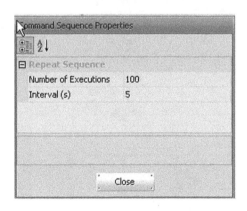

图 4-33 呼叫次数与间隔设置

4）测试地图显示。

进入"Map"选项卡，这里需要导入测试图层，其中室分是需要手动打点的，需要导入客户提供的楼层布局图。

首先单击 打开地图（注意：打开 BMP 图像），选中后打开发现 Map 图中没有变化，接着单击 图标，弹出如图 4-34 所示窗口。

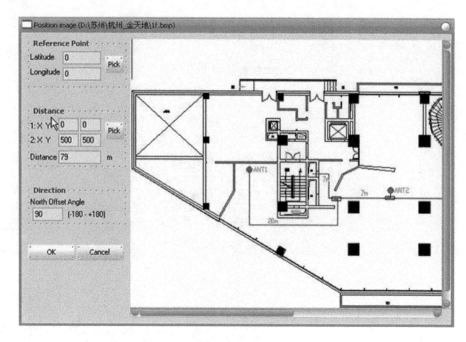

图4-34 地图预览

直接单击"OK"即可导入地图,如图4-35所示。

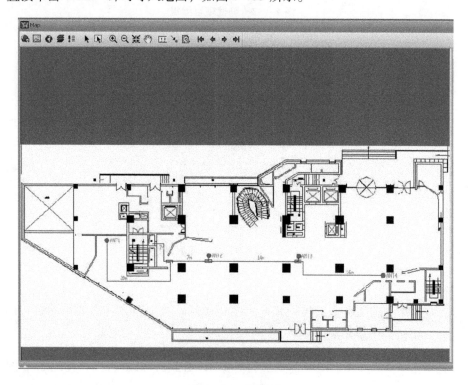

图4-35 地图层

此时发现鼠标变为 ，选择 Map 窗口中的 即可拖动地图。

5) 记录 Log（保存测试文件）。

如图 4-36 所示，单击"Start recording(F6)"按钮开始记录 Log 文件，在弹出的对话框中更改保存的文件名，TEMS 不会自动保存测试文件，也不会在测试文件达到一定大小后更换测试文件。若在测试过程中要重新记录一个新的 Log，可以单击 Swap logfiles(F4)，文件名顺延。单击 可以暂停记录 Log，单击后变为 ，再次单击可继续记录。

图 4-36 测试控制工具

6) 启动拨号程序。

单击"Command Sequence"窗口中的"Start"按钮，如图 4-37 所示。

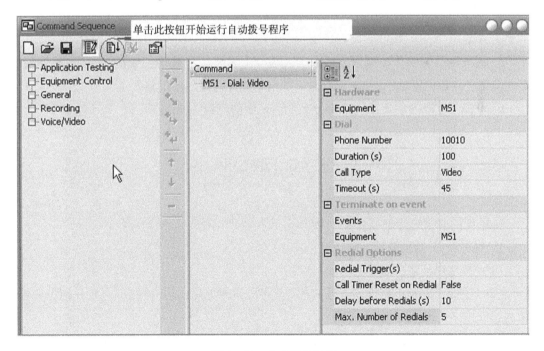

图 4-37 自动拨号设置

注意：①打点时，用触摸屏打点不稳定，打完第一个点后，将打点箭头移动到下一个需要打点的位置，走到预定位置后单击打点，这样可以避免中间移动箭头时的误打点；②在路线的转折点上必须要打上点，才能进行下一个直行路线上的手动打点。

## 3　项目小结

1. 基站信息表是网络优化工作中必不可少的信息本。在日常网络优化工作中，需要及时地更新基站信息表，以方便查询每个基站基础信息（如方位角、下倾角等）。

2. 参数的对应关系如下：

| TAC号 | 站点号 | 站点名 | 小区号 | 小区名 | PCI | PRACH | 经度 | 纬度 |
|---|---|---|---|---|---|---|---|---|
| 跟踪区域码 | 空白 | 现网基站名称 | CGI | 现网小区名称 | 物理小区标识 | 根序列索引 | 经度 | 纬度 |

| 半径_米 | 波瓣_度 | 覆盖类型 | 频段 | 下行频点 | 上行频点 | 方向角 | 双工 |
|---|---|---|---|---|---|---|---|
| 空白 | 空白 | 覆盖类型<br>Outdoor改为宏站<br>Indoor改为室分 | 频段类型 | 下行频点 |  | 方位角 | TDD |

3. 介绍了"Ctrl + Shift + 方向键"、查找替换、冻结窗格、筛选、排序等功能的应用。

4. MapInfo 是一款桌面地理信息系统软件，也是一种数据可视化、信息地图化的桌面解决方案。

5. 无线网络的优化和规划过程，很大程度上需要依托地理位置信息来进行，即较多情况下要使用电子地图，MapInfo 是无线网络优化与规划中的重要工具。

6. 介绍了 TEMS 在无线网络室分系统测试中的应用。

## 4　项目作业

某单位的职称统计表如表 4-1 所示，请按要求操作。

1. 对表 4-1 数据分别按如下要求排序：

（1）按性别排序：男在前、女在后；

（2）按性别以及年龄排序：计算出年龄后，男性在前，女性在后，并分别按年龄从高到低排序；

（3）按职称排序：教授、副教授、讲师、助教。

表4-1 职称统计表

| 编号 | 姓名 | 性别 | 籍贯 | 出生年月 | 年龄 | 职称 | 系名 | 课程名称 | 课时 |
|---|---|---|---|---|---|---|---|---|---|
| 25 | 祁红 | 女 | 辽宁省海城市 | 1974/6/16 | | 教授 | 计算机系 | 英语 | 34 |
| 26 | 杨明 | 男 | 广东省佛山市 | 1982/1/2 | | 助教 | 民政系 | 哲学 | 25 |
| 27 | 江华 | 男 | 山东省蓬莱市 | 1980/8/19 | | 副教授 | 数学系 | 线性代数 | 30 |
| 28 | 成燕 | 女 | 江苏省苏州市 | 1964/2/19 | | 讲师 | 民政系 | 微积分 | 21 |
| 29 | 达晶华 | 男 | 上海市 | 1975/7/19 | | 未定 | 财经系 | 德育 | 26 |
| 30 | 刘珍 | 女 | 四川省云阳县 | 1968/6/17 | | 教授 | 数学系 | 体育 | 71 |
| 31 | 风玲 | 女 | 浙江省绍兴市 | 1981/3/27 | | 助教 | 财经系 | 政经 | 71 |
| 39 | 艾提 | 女 | 浙江省绍兴市 | 1968/11/14 | | 副教授 | 民政系 | 离散数学 | 53 |
| 44 | 康众喜 | 男 | 江西省南昌市 | 1973/4/27 | | 讲师 | 计算机系 | 大学语文 | 63 |
| 49 | 张志 | 男 | 江西省高安市 | 1970/4/5 | | 未定 | 外语系 | 英语 | 45 |
| 66 | 建军 | 男 | 江西省于都市 | 1974/9/6 | | 教授 | 民政系 | 哲学 | 54 |
| 73 | 玉甫 | 男 | 河北省滦县 | 1981/11/26 | | 助教 | 外语系 | 线性代数 | 36 |
| 74 | 成智 | 男 | 黑龙江省哈尔滨市 | 1964/3/21 | | 副教授 | 管理系 | 微积分 | 46 |
| 75 | 尼工孜 | 男 | 辽宁省葫芦岛市 | 1976/12/20 | | 讲师 | 管理系 | 德育 | 28 |

2. 使用条件数据进行筛选，并将所选的数据放置在其他区域中：

（1）筛选出所有职称"未定"的数据；

（2）筛选出所有男性教授和女性讲师的数据；

（3）筛选出所有课时在50以上的男性教授数据；

（4）筛选出所有计算机系年龄在35岁以上教师的数据；

（5）筛选出所有20世纪70年代出生的江西籍教师的数据。

# 项目五

# 竣工资料制作

竣工资料是记录和反映工程项目施工全过程工程技术与管理档案的总称。竣工资料主要包括竣工文件、竣工图和竣工测试记录三部分内容。作为项目助理,在此过程中的主要工作是协助工程技术人员制作竣工文件、绘制竣工图。本项目以某通信公司 4G 网络优化工程项目为例,详细介绍了通信工程项目竣工文件及竣工图的制作方法。

## 1 竣工文件制作

**知识目标**

1. 了解竣工文件的相关内容
2. 掌握竣工文件的制作方法

**技能目标**

1. 能够读取场景说明文件中的内容
2. 能够提取文件中相关参数信息,完成竣工文件的制作

任务 1 竣工文件制作

任务单

### 1.1 任务描述

4G 网络优化工程马上要竣工验收了,小王虽然是新员工,但工作认真仔细、勤奋好学、专业基础扎实,领导将辅助工程技术人员制作竣工文件的任务交给了她。小王接到任务后,收集了大量资料,并拿到了建设单位的竣工文件模板及工程技术人员提供的场景说明文件,将施工过程内容填入竣工文件模板中,并以"某某项目竣工文件"命名保存。

## 1.2 任务分析

根据任务要求,首先熟悉竣工文件内容,了解哪些参数信息是工程助理能够填写的(在此过程中需经常与工程技术人员沟通);其次在场景说明文件中查找竣工文件所需参数信息,将其复制粘贴至竣工文件的相应位置;最后进行文档的整理、修改。

## 1.3 任务实施

竣工文件模板

| 操作步骤 | 操作过程 | 操作说明 |
|---|---|---|
| 步骤1 阅读建设单位竣工文件模板 | 打开竣工文件模板,通读竣工文件内容。工程说明部分内容如下:<br>一、工程说明<br>填报人:_____ 填表日期:_____<br>工程概况:长春市6星级洗浴·位于长春市经济开发区临河街5157号,该楼体共1层,总建筑面积约3000平方米。日人流量约200人。<br>工程规模:安装1台RRU,1/2普通馈线4米,3Db电桥1只,负载200W1个,D型公头转N型母头2只,N型公头转直角N型母头2只,1/2硬馈线N型公头2只,法兰盘2只,防水绝缘胶带1包,白扎带1包。<br>覆盖目的:为了提升移动公司在广大群众心目中的形象,加强2G网络覆盖范围,提高该处场强,改善该处2G网络通话质量,为此移动手机用户创造一个良好的通话环境,同时达到网络优化的目的。<br>主设备型号:华为:RRU3936、BBU-DBS3900。<br>主设备安装地点:6星级洗浴1楼。<br>开工时间:2014年9月23日 完工时间:2014年9月28日<br>分布系统信源类型:华为BBU。<br>源基站信息:<br>主机信源 小区名称:6星级洗浴 载波配置:4载频 | 4G网络优化项目的竣工文件一般包括工程说明、工程开工报告、工程设计变更单、已安装工程量总表、施工工艺及隐蔽工程检查签证记录、施工质量事故或设备问题的处理报告、覆盖系统测试记录等内容 |

续表

| 操作步骤 | 操作过程 | 操作说明 |
|---|---|---|
| 步骤2 查找相应信息 | 打开"覆盖场景说明"文件，查找相应信息。例如上面"工程说明"中的"工程概况"可以从"覆盖场景说明"文件的"物理信息"中提取<br><br>**LTE 覆盖场景说明**<br><br>1. 物理信息：<br>项目名称： 宝中宝孕婴　　勘查时间： 2014-2-21<br>地　　址： 长春市南关区西五马路××号<br>经 纬 度： 经度(125.325071°) 纬度(43.893576°)<br>建筑物性质： 商铺　　设计人员： ××　　联系电话： ×××<br>楼宇1情况： 名称： 宝中宝孕婴　层数： 1　电梯数： 无<br>　　　　　　覆盖面积： ×× m²<br>　　　　　　楼宇1整体照片： | 了解竣工文件中哪些内容是由"覆盖场景说明"文件提供 |
| 步骤3 编辑竣工文件内容 | 将"覆盖场景说明"中的相关内容复制粘贴至"竣工文件"的相应位置 | |
| 步骤4 优化转交竣工文件 | （1）整理完善"竣工文件"内容；<br>（2）重命名（见项目1）后转交工程技术人员 | 由工程技术人员继续填写 |

## 1.4 知识解读

建设项目竣工资料包含竣工文件、竣工图、竣工测试记录三大部分。

竣工文件按照建设单位的要求编制，通常应包括工程说明、开工报告、建筑安装工程量总表、已安装设备明细表、工程设计变更单及洽商记录、重大工程质量事故报告、停（复）工报告、隐蔽工程/随工验收签证、交（完）工报告、验收证书和交接书。

（1）工程说明：本项目的简要说明，其内容包括项目名称；项目所在地点；建设单位、设计单位、监理单位、承包商名称；实施时间；施工依据、工程经济技术指标；完成的主要工程量；施工过程的简述；存在的问题；运行中需要注意的问题。

（2）开工报告：承包商向监理单位和建设单位报告项目准备情况，申请开工的报告。

（3）建筑安装工程量总表：包括完成的主要工程量。

（4）已安装设备明细表：写明已安装设备的数量和地点。

（5）工程设计变更单及洽商记录：填写变更发生的原因、处理方案、对合同造价影响的程度。工程设计变更单和洽商记录应有设计单位、监理单位、建设单位和施工单位的签字和盖章。

（6）重大工程质量事故报告：填写重大质量事故过程记录、发生原因、责任人、处理方案、造成的后果和遗留的问题。

（7）停（复）工报告：因故停工的停工报告及复工报告，应填写停（复）工原因、责任人和时间。

（8）隐蔽工程/随工验收签证：监理或随工人员对隐蔽工程质量的确认（对于可测量的项目，隐蔽工程/随工验收签证应有测量数据支持）。

（9）交（完）工报告：承包商向建设单位报告项目完成情况，申请验收。

（10）验收证书：建设单位对项目的评价，要有建设单位的签字和盖章。

（11）交接书：施工单位向建设单位移交产品的证书。

上述文件在竣工资料中，无论工程中相关事件是否发生，必须全部附上。对于工程中未发生的事件，可在相关文件中注明"无"的字样。

## 2 标准 A4 图框绘制

测试题

 **知识目标**

1. 了解图幅、线型的绘制规定
2. 掌握直线命令操作方法
3. 掌握矩形命令等操作方法
4. 掌握坐标的基本计算方法

任务2 标准A4图框绘制

**技能目标**

1. 能够使用直线命令
2. 能够使用矩形命令
3. 完成标准图框的绘制

### 2.1 任务描述

任务单

竣工文件制作完成后，小王接到了绘制竣工图的任务。小王首先根据 YD/T5015—2015《通信工程制图与图形符号规定》绘制 A4 图框（长 297mm，宽 210mm，非装订侧边框距 5mm，装订侧边框距 25mm），如图 5-1 所示，并将其以"姓名 + 学号 + A4

图幅"命名。

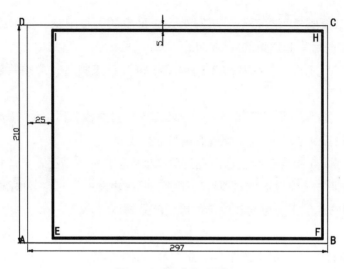

图 5-1 标准 A4 图框

## 2.2 任务分析

根据任务要求,了解到 A4 图框的长 297mm、宽 210mm,非装订侧边框距 5mm,装订侧边框跟 25mm,因此,内框长 267mm、宽 200mm。可以通过直线和矩形命令先画外边框,然后用偏移、相对坐标、打辅助线等方法画内边框。

CAD 工作界面介绍

## 2.3 任务实施

方法一:只用直线命令绘制 A4 图框,如表 5-1 所示。

表 5-1 标准 A4 图框绘制方法一

| 操作步骤 | 操作过程 | 操作说明 |
| --- | --- | --- |
| 步骤1<br>绘制<br>外边框 | 命令:_line<br>回车使用上一次点/跟踪(F)/<线的起始点>:0,0<br>角度(A)/长度(L)/指定下一点:297,0<br>角度(A)/长度(L)/跟踪(F)/闭合(C)/撤销(U)/指定下一点:297,210<br>角度(A)/长度(L)/跟踪(F)/闭合(C)/撤销(U)/指定下一点:0,210<br>角度(A)/长度(L)/跟踪(F)/闭合(C)/撤销(U)/指定下一点:c | 调用矩形命令;<br>输入 A 点坐标值;<br>输入 B 点绝对坐标,绘制线段 AB;<br>输入 C 点绝对坐标,绘制线段 BC;<br>输入 D 点绝对坐标值,绘制线 CD;<br>选择"闭合"功能,连接 DA |

续表

| 操作步骤 | 操作过程 | 操作说明 |
|---|---|---|
| 步骤2<br>绘制<br>内边框 | 命令：_line<br>回车使用上一次点/跟踪（F）/＜线的起始点＞：25，5<br>角度（A）/长度（L）/指定下一点：@267，0<br>角度（A）/长度（L）/跟踪（F）/撤销（U）/指定下一点：@0，200<br>角度（A）/长度（L）/跟踪（F）/闭合（C）/撤销（U）/指定下一点：@－267，0<br>角度（A）/长度（L）/跟踪（F）/闭合（C）/撤销（U）/指定下一点：c | 调用矩形命令；<br>输入E点坐标值；<br>输入F点相对坐标；<br>输入H点相对坐标；<br>输入I点相对坐标；<br>选择"闭合"功能，连接IE |
| 步骤3<br>设置<br>边框<br>线宽 | 选中外边框，设置线宽0.25mm。<br><br>选中内边框，将内边框线宽设置为0.50mm；格式—线宽—显示线宽 | 设置内边框为粗线显示，外边框为细线显示 |

方法二：利用矩形命令、直线命令作辅助线的方法绘制 A4 图框，如表 5-2 所示。

表 5-2 标准 A4 图框绘制方法二

| 操作步骤 | 操作过程 | 操作说明 |
| --- | --- | --- |
| 步骤 1<br>绘制<br>外边框 | 命令：_rectang<br>倒角（C）/标高（E）/圆角（F）/厚度（T）/宽度（W）/＜选取方形的第一点＞：<br>指定另一个角点或［面积（A）/尺寸（D）/旋转（R）］：d<br>指定矩形的长度＜10.0000＞：297<br>指定矩形的宽度＜10.0000＞：210<br>指定另一个角点或［面积（A）/尺寸（D）/旋转（R）］： | 调用矩形命令；<br>选定 A 点；<br>选择尺寸的方法；<br>矩形长 297；<br>矩形宽 210；<br>在合适的象限选择矩形 D 点 |
| 步骤 2<br>绘制<br>辅助线<br>AE | 命令：_line<br>线的起始点：<br>角度（A）/长度（L）/指定下一点：@25,5<br>角度（A）/长度（L）/跟踪（F）/撤销（U）/指定下一点 取消 | 调用偏移命令；<br>选定 A 点；<br>E 点相对 A 点横坐标 25，纵坐标 5；<br>退出 |
| 步骤 3<br>绘制<br>内边框 | 命令：_rectang<br>倒角（C）/标高（E）/圆角（F）/厚度（T）/宽度（W）/＜选取方形的第一点＞：<br>指定另一个角点或［面积（A）/尺寸（D）/旋转（R）］：d<br>指定矩形的长度＜297.0000＞：267<br>指定矩形的宽度＜210.0000＞：200<br>指定另一个角点或［面积（A）/尺寸（D）/旋转（R）］： | 调用矩形命令；<br>对象捕捉端点 E 点作为内边框第一点；<br>选择尺寸的方法；<br>矩形长 267；<br>矩形宽 210；<br>指定对角点 H |
| 步骤 4<br>删除<br>辅助线 | 选中直线 AE—右键单击—删除；<br>或选中直线 AE—按"Delete"键 | 删除辅助线 AE |
| 步骤 5<br>设置边<br>框线宽 | 见表 5-1 步骤 3 | 设置内边框为粗线显示，外边框为细线显示 |

方法三：利用直线命令（相对坐标）、偏移命令和修剪命令绘制 A4 图框，具体步骤如表 5-3 所示。

表 5-3　标准 A4 图框绘制方法三

| 操作步骤 | 操作过程 | 操作说明 |
| --- | --- | --- |
| 步骤1<br>绘制<br>外边框 | 命令：_line<br>线的起始点：<br>角度（A）/长度（L）/指定下一点：<br><正交开><br>297<br><br>角度（A）/长度（L）/跟踪（F）/撤销（U）/指定下一点：210<br><br>角度（A）/长度（L）/跟踪（F）/闭合（C）/撤销（U）/指定下一点：297<br>角度（A）/长度（L）/跟踪（F）/闭合（C）/撤销（U）/指定下一点：c | 调用直线命令；<br>任意选定起点；<br><br>打开正交；<br>在水平方向画AB；<br>在垂直方向画BC；<br>在水平方向画CD；<br>闭合画 DA |
| 步骤2<br>偏移外<br>边框的<br>4 条边 | 命令：_offset<br>指定偏移距离或［通过（T）/拖拽（D）/删除（E）/图层（L）］<通过>：25<br>选择要偏移的对象，或［退出（E）/放弃（U）］<退出>：<br>指定要偏移的那一侧上的点，或［退出（E）/多个（M）/放弃（U）］<退出>：<br>选择要偏移的对象，或［退出（E）/放弃（U）］<退出>：<br>命令：_offset<br>指定偏移距离或［通过（T）/拖拽（D）/删除（E）/图层（L）］<25>：5<br>选择要偏移的对象，或［退出（E）/放弃（U）］<退出>：<br>指定要偏移的那一侧上的点，或［退出（E）/多个（M）/放弃（U）］<退出>：<br>选择要偏移的对象，或［退出（E）/放弃（U）］<退出>：<br>指定要偏移的那一侧上的点，或［退出（E）/多个（M）/放弃（U）］<退出>：<br>选择要偏移的对象，或［退出（E）/放弃（U）］<退出>：<br>指定要偏移的那一侧上的点，或［退出（E）/多个（M）/放弃（U）］<退出>： | 调用偏移命令；<br>向内侧偏移量25；<br>选择直线 AB；<br>点外框内侧；<br><br>退出；<br>调用偏移命令；<br>向内侧偏移量5；<br><br>选择直线 BC；<br>点外框内侧；<br><br><br>选择直线 CD；<br>点外框内侧；<br><br><br>选择直线 CD；<br>点外框内侧 |
| 步骤3<br>修剪多<br>余的线 | 命令：_trim<br>选取切割对象作修剪<回车全选>：<br>选择集当中的对象：1<br>选取切割对象作修剪<回车全选>：<br>选择集当中的对象：2<br>选取切割对象作修剪<回车全选>：<br>选择集当中的对象：3<br>选取切割对象作修剪<回车全选>：<br>选择集当中的对象：4<br>选取切割对象作修剪<回车全选>：<br>选择要修剪的实体，或按住"Shift"键选择要延伸的实体，或<br>［边缘模式（E）/围栏（F）/窗交（C）/投影（P）/删除（R）］ | 调用修剪命令；<br>分别选择直线EF、FH、HI、IE；<br><br><br><br><br><br><br><br>删除多余的部分 |

| 操作步骤 | 操作过程 | 操作说明 |
|---|---|---|
| 步骤4 设置边框线宽 | 见表5-1步骤3 | 设置内边框为粗线显示,外边框为细线显示 |

## 2.4 知识解读

**1. 图幅尺寸**

工程图纸幅面和图框大小应符合国家标准 GB/T 14689—2008《技术制图图纸幅面及规格》的规定。一般应采用 A0、A1、A2、A3、A4 及其加长的图纸幅面。目前,在实际工程设计中,多数采用 A4 图纸幅面,具体尺寸如表 5-4 所示。

表 5-4 图纸幅面尺寸

| 幅面代号 | A0 | A1 | A2 | A3 | A4 |
|---|---|---|---|---|---|
| 图框尺寸(长×宽)/mm | 1189×841 | 841×594 | 594×420 | 420×297 | 297×210 |
| 非装订侧边框距/mm | 10 | | | 5 | |
| 装订侧边框距/mm | 25 | | | | |

当幅面不能满足要求时,可按照 GB/T 14689—2008 的规定加大幅面。对于 A0、A2、A4 幅面的加长量应按照 A0 幅面短边的八分之一的倍数增加;对于 A1、A3 幅面的加长量应按照 A0 幅面长边的四分之一的倍数增加;A0 及 A1 幅面允许同时加长两边。也可以在不影响整体视图效果的情况下,将工程图分割成若干张图纸来绘制,目前这种方式在通信线路工程图绘制时经常被采用。

**2. 图线型式**

(1) 图线型式及其一般用途如表 5-5 所示。

表 5-5 图线型式及其一般用途

| 图线名称 | 图线型式 | 一般用途 |
|---|---|---|
| 实线 | ——— | 基本线条:用于表示图纸主要内容用线,如轮廓线 |
| 虚线 | - - - - - | 辅助线条:用于表示机械连接线、屏蔽线、不可见轮廓线、计划扩展内容用线 |

(2) 图线宽度一般可选用 0.25 mm、0.35 mm、0.5 mm、0.7 mm、1.0 mm、

1.4 mm。

（3）通常宜选用两种宽度的图线，粗线宽度为细线宽度的2倍，主要图线采用粗线，次要图线采用细线。对复杂的图纸也可采用粗、中、细三种线宽，线的宽度按2的倍数依次递增，但线宽种类也不宜过多。

（4）使用图线绘图时，应使图形的比例和配线协调恰当，重点突出，主次分明，在同一张图纸上，按不同比例绘制的图样及同类图形的图线粗细应该保持一致。

（5）细实线为最常用的线条。在以细实线为主的图纸上，粗实线主要用于主回线路、图纸的图框及需要突出的线路、设备、电路等处。指引线、尺寸线以及标注线应使用细实线。

3. AutoCAD 坐标系统

1）直角坐标系

直角坐标系又称笛卡儿坐标系，由一个原点和两个通过原点的、相互垂直的坐标轴构成，如图 5-2 所示。其中，水平方向的坐标轴为 $X$ 轴，以向右为其正方向；垂直方向的坐标轴为 $Y$ 轴，以向上为其正方向。平面上任何一点 $P$ 都可以由 $X$ 轴和 $Y$ 轴的坐标所定义，即用一对坐标值 $(x, y)$ 来定义一个点。

例如，某点的直角坐标为 (3，4)。

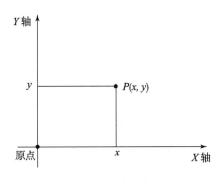

图 5-2 直角坐标系

2）极坐标系

极坐标系由一个极点和一个极轴构成，如图 5-3 所示。极轴的方向为水平向右。平面上任何一点 $P$ 都可以由该点到极点的连线长度 $L(L>0)$ 和连线与极轴的交角 $\alpha$（逆时针方向为正）所定义，即用一对坐标值 $(L<\alpha)$ 来定义一个点，其中"<"表示角度。

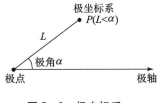

图 5-3 极坐标系

例如，某点的极坐标为 (5<30°)。

3）相对坐标

在某些情况下，用户需要直接通过点与点之间的相对位移来绘制图形，而不想指定每个点的绝对坐标。为此，AutoCAD 提供了使用相对坐标的办法。所谓相对坐标，就是某点与相对点的相对位移值，在 AutoCAD 中相对坐标用"@"标识。使用相对坐标时可以使用直角坐标，也可以使用极坐标。

例如，某一直线的起点坐标为（5，5），终点坐标为（10，5），则终点相对于起点的相对坐标为（@5，0），用相对极坐标表示应为（@5<0）。

4）坐标值的显示

在屏幕底部状态栏中显示当前光标所处位置的坐标值。该坐标值有三种显示状态，如图 5-4 所示。

绝对坐标状态：显示光标所在位置的坐标。

相对极坐标状态：在相对于前一点来指定第二点时可使用此状态。

关闭状态：颜色变为灰色，并"冻结"关闭时所显示的坐标值。

绝对坐标状态：60.9522,-15.2182,0.0000
相对极坐标状态：143.6574<270,0.0000
关闭状态：151.4731,146.1747,0.0000

图 5-4 坐标值显示

4. 直线命令

直线命令用于绘制指定长度的一条直线段或若干连续的直线段，但绘制成的连续直线段中的每条直线段都是一个单独的对象。

1）命令格式

命令行：line（L）

菜单："绘图"→"直线（L）"

工具栏："绘图"→"直线"

2）命令选项含义

执行 Line 命令后，系统提示"线的起始点："，输入起始点后，系统继续提示"角度（A）/长度（L）/指定下一点："。直线命令的各选项说明如下：

角度（A）：直线段与当前 UCS 的 $X$ 轴之间的角度。

长度（L）：两点间直线的距离。

跟踪（F）：跟踪最近画过的线或弧终点的切线方向，以便沿着这个方向继续画线。

闭合（C）：将第一条直线段的起点和最后一条直线段的终点连接起来，形成一个封闭区域。

撤销（U）：撤销最近绘制的一条直线段。在命令行中输入 U，按回车键，则重新指定新的终点。

<终点>：按回车键后，命令行默认最后一点为终点。

3）操作注意事项

由直线组成的图形，每条线段都是独立对象，可对每条直线段进行单独编辑。

在结束 Line 命令后，再次执行 Line 命令，根据命令行提示，直接按回车键，则以上次最后绘制的线段或圆弧的终点作为当前线段的起点。

5. 矩形命令

矩形就是通常所说的长方形，在绘制矩形时可以设置圆角、倒角、厚度、宽度等数值。

1）命令格式

命令行：rectangle（REC）

菜单："绘图"→"矩形（G）"

工具栏："绘图"→"矩形"

2）命令选项含义

执行矩形命令后，CAD 命令行提示："倒角（C）/标高（E）/圆角（F）/厚度（T）/宽度（W）/<选取方形的第一点>:"。矩形命令的各选项说明如下：

倒角（C）：设置矩形角的倒角距离。

标高（E）：确定矩形在三维空间内的基面高度。

圆角（F）：设置矩形角的圆角大小。

旋转（R）：通过输入旋转角度选取另一对角点来确定显示方向。

厚度（T）：设置矩形的厚度，即 Z 轴方向的高度。

宽度（W）：设置矩形的线宽。

面积（A）：如已知矩形面积和其中一边的长度值，就可以使用面积方式创建矩形。

尺寸（D）：如已知矩形的长度和宽度即可使用尺寸方式创建矩形。

3）操作注意事项

矩形选项中，除了面积一项以外，其他选项都会将所作的设置保存为默认设置。

矩形的属性其实是多段线对象，也可通过分解（Explode）命令把多段线转化为多条直线段。

测试题

# 3 图衔绘制

 知识目标

1. 了解图衔的绘制规定

2. 掌握偏移命令的操作方法
3. 掌握修剪命令的操作方法
4. 掌握多行文字命令的操作方法

**技能目标**

1. 能够使用偏移命令
2. 能够使用修剪命令
3. 能够使用多行文字命令
4. 完成标准图衔的绘制

任务3 图衔绘制

任务单

## 3.1 任务描述

小王完成 A4 图幅的绘制后,要在第一张图纸的右下角绘制图衔并添加文字。根据 YD/T 5015—2015《通信工程制图与图形符号规定》,标准图衔如图 5-5 所示。

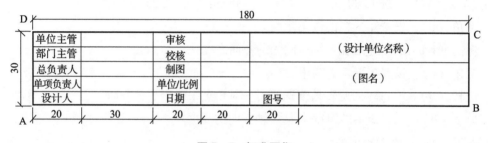

图 5-5 标准图衔

## 3.2 任务分析

由图 5-5 可以看出,图衔是由直线和文字组成的。在实际的绘制过程中可以先画直线,然后将直线平移,最后添加文字。

## 3.3 任务实施

在任务分析的基础上,利用直线命令、偏移命令、修剪命令和多行文字命令绘制图衔,具体操作步骤如表 5-6 所示。

表5-6 图衔绘制方法

| 操作步骤 | 操作过程 | 操作说明 |
|---|---|---|
| 步骤1<br>绘制<br>水平线 | 命令：_line<br>回车使用上一次点/跟踪（F）/＜线的起始点＞：<br>＜正交开＞<br>角度（A）/长度（L）/指定下一点：180<br>角度（A）/长度（L）/跟踪（F）/撤销（U）/指定下一点：<br>命令：_offset<br>指定偏移距离或［通过（T）/拖拽（D）/删除（E）/图层（L）］<br>＜通过＞：6<br>选择要偏移的对象，或［退出（E）/放弃（U）］＜退出＞：<br>指定要偏移的那一侧上的点，或［退出（E）/多个（M）/放弃（U）］＜退出＞：<br>选择要偏移的对象，或［退出（E）/放弃（U）］＜退出＞：<br>指定要偏移的那一侧上的点，或［退出（E）/多个（M）/放弃（U）］＜退出＞： | 调用直线命令；<br>对象捕捉端点B；<br>打开正交；<br>确定点A；<br>回车确认；<br>调用偏移命令；<br>指定偏移距离6；<br><br>选择AB偏移对象；<br>在AB上方单击确定偏移方向；<br>同理依次向上偏移6条水平线 |
| 步骤2<br>绘制<br>垂直线 | 命令：_line<br>回车使用上一次点/跟踪（F）/＜线的起始点＞：<br>角度（A）/长度（L）/指定下一点：<br>角度（A）/长度（L）/跟踪（F）/撤销（U）/指定下一点：<br>命令：_offset<br>指定偏移距离或［通过（T）/拖拽（D）/删除（E）/图层（L）］<br>＜30＞：20<br>选择要偏移的对象，或［退出（E）/放弃（U）］＜退出＞：<br>指定要偏移的那一侧上的点，或［退出（E）/多个（M）/放弃（U）］＜退出＞：<br>选择要偏移的对象，或［退出（E）/放弃（U）］＜退出＞：<br>命令：_offset<br>指定偏移距离或［通过（T）/拖拽（D）/删除（E）/图层（L）］<br>＜20＞：30<br>选择要偏移的对象，或［退出（E）/放弃（U）］＜退出＞：<br>指定要偏移的那一侧上的点，或［退出（E）/多个（M）/放弃（U）］＜退出＞：<br>选择要偏移的对象，或［退出（E）/放弃（U）］＜退出＞： | 调用直线命令；<br>对象捕捉端点D；<br>对象捕捉端点A；<br>退出；<br>调用偏移命令；<br>偏移距离20；<br><br>选择直线AD；<br>点直线AD右侧任意一点；<br>退出；<br>同样的方法偏移其他垂直线 |
| 步骤3<br>修剪<br>多余<br>的线 | 命令：_trim<br>选取切割对象作修剪＜回车全选＞：<br>选择集当中的对象：1<br>选取切割对象作修剪＜回车全选＞：<br>选择集当中的对象：2<br>选取切割对象作修剪＜回车全选＞：<br>选择集当中的对象：3<br>选取切割对象作修剪＜回车全选＞：<br>选择集当中的对象：4<br>选取切割对象作修剪＜回车全选＞：<br>选择集当中的对象：5 | 调用修剪命令；<br>选择要修剪的对象； |

续表

| 操作步骤 | 操作过程 | 操作说明 |
|---|---|---|
| 步骤3<br>修剪<br>多余<br>的线 | 选取切割对象作修剪＜回车全选＞：<br>选择集当中的对象：6<br><br>选择要修剪的实体，或按住"Shift"键选择要延伸的实体，或<br>［边缘模式（E)/围栏（F)/窗交（C)/投影（P)/删除（R)］：<br>选择要修剪的实体，或按住"Shift"键选择要延伸的实体，或<br>［边缘模式（E)/围栏（F)/窗交（C)/投影（P)/删除（R)/撤销<br>(U)］：<br>选择要修剪的实体，或按住"Shift"键选择要延伸的实体，或<br>［边缘模式（E)/围栏（F)/窗交（C)/投影（P)/删除（R)/撤销<br>(U)］： | 剪掉多余的部分 |
| 步骤4<br>添加<br>文字 | 命令：_mtext<br>当前文字样式："Standard"，文字高度：2.5000<br>多行文字：字块第一点：<br>对齐方式（J)/旋转（R)/样式（S)/字高（H)/方向（D)/字宽<br>（W)/＜字块对角点＞： | 调用多行文字命令；<br>显示当前文字格式；<br>选择D点；<br>选择D点的对角点，出现"文字格式"窗设置字体、字高、对齐方式等；<br>输入"单位主管"；<br>用同样的方法添加其他文字 |
| 步骤4<br>设置边<br>框线宽 | 见表5–1 步骤3 | 设置外边框为粗线显示，内边框为细线显示 |

## 3.4 知识解读

1. 图衔

通信工程常用的标准图衔为长方形，尺寸为 30 mm × 180 mm（高×长），主要包括图名、图号、设计单位名称、单位主管、部门主管、总负责人、单项负责人、设计人、审核人、校核人等内容。图衔的外框必须加粗，其线条粗细应与整个图框相一致，如图 5–5 所示。

为了方便起见，实际工程中也会使用简易式图衔，如图 5-6 所示。当绘制通信线路图时，若通过一张图纸不能完整地画出，可分为多张图纸，第一张图纸应使用标准图衔，其后续图纸可使用简易图衔。

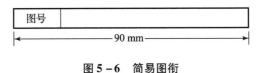

**图 5-6　简易图衔**

2. 偏移命令

以指定的点或指定的距离将选取的对象偏移并复制，全对象副本与原对象平行。

1）命令格式

命令行：offset（O）

菜单："修改"→"偏移（S）"

工具栏："修改"→"偏移"

2）命令选项含义

偏移距离：在距离选取对象的指定距离处创建选取对象的副本。

通过（T）：以指定点创建通过该点的偏移副本。

拖拽（D）：以拖拽的方式指定偏移距离，创建偏移副本。

删除（E）：在创建偏移副本之后，删除或保留原对象。

图层（L）：控制偏移副本是创建在当前图层上还是源对象所在的图层上。

3）操作注意事项

当偏移的距离相同时，根据命令行提示，直接选择偏移对象和偏移方向，不必再次调用偏移命令。

3. 修剪命令

修剪命令用于将超出边界的多余部分删除掉。修剪命令的操作对象可以是直线、圆、弧、多段线、样条曲线和射线等。使用修剪命令时，需要设置修剪边界和修剪对象两个参数。

1）命令格式

命令行：trim（TR）

菜单："修改"→"修剪（T）"

工具栏："修改"→"修剪"

2）命令选项含义

要修剪的对象：指定要修剪的对象。

边缘模式（E）：修剪对象的假想边界或与之在三维空间中相交的对象。

围栏（F）：指定围栏点，将多个对象修剪成单一对象。

窗交（C）：通过指定两个对角点来确定一个矩形窗口，选择在该窗口内部或与该窗口相交的对象。

投影（P）：指定在修剪对象时使用的投影模式。

删除（R）：在执行修剪命令的过程中将选定的对象从图形中删除。

撤销（U）：撤销使用修剪命令最近对对象进行的修剪操作。

4. 多行文字命令

文字命令用于对图形中不便于表达的内容加以说明，使图形更清晰、更完整。文字包括字体、字高、显示效果等参数，可以在输入前通过"文字样式"设置好，以便后期文字的输入。

1）命令格式

命令行：mtext、text（MT、T）

菜单："绘图"→"文字"→"多行文字"

工具栏："绘图"→"多行文字" A

mtext 命令可在指定的文本边界框内输入文字内容，并将其视为一个实体。此文本边界框定义了段落的宽度和段落在图形中的位置。

2）操作注意事项

mtext 命令输入的多行段落文本作为一个实体，只能对其进行整体选择、编辑；text 命令也可以输入多行文本，但每一行文本单独作为一个实体，可以分别对每一行进行选择、编辑。mtext 命令标注的文本可以忽略字型的设置，只要在文本标签页中选择了某种字体，那么不管当前的字型设置采用何种字体，标注文本都将采用用户选择的字体。

若要修改已标注的 mtext 文本，可选取该文本后，单击鼠标右键，在弹出的快捷菜单中选"参数"项，即在弹出"对象属性"对话框进行文本修改。

输入文本的过程中，可对单个或多个字符进行字体、高度、加粗、倾斜、下划线、上划线等设置，这点与文字处理软件相同。其操作方法是按住并拖动鼠标左键，选中要编辑的文本，然后再设置相应选项。

测试题

# 4　指北针绘制

 知识目标

1. 掌握镜像命令的操作方法

2. 掌握点命令的操作方法

3. 掌握圆命令的操作方法

4. 掌握填充命令的操作方法

任务4 指北针绘制

技能目标

1. 能够使用镜像命令绘图

2. 能够使用点命令绘图

3. 能够使用圆命令绘图

4. 能够使用填充命令绘图

任务单

## 4.1 任务描述

指北针是图纸中表示方向的最佳工具，也是工程图纸必不可少的一部分。工程技术人员要求小王在图纸的右上角添加如图5-7所示的指北针。

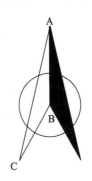

图5-7 指北针

## 4.2 任务分析

根据任务要求，指北针由三角形、圆和阴影组成。三角形部分由左右对称的两个三角形组成，右侧三角形需要进行图案填充，同时圆的圆心位置处于两个三角形交线下端。因此，在具体实现过程中首先利用直线命令绘制左侧三角形，然后利用镜像命令绘制右侧三角形，再利用圆命令绘制圆，最后利用填充命令对右侧三角形进行填充。

## 4.3 任务实施

在任务分析的基础上，利用直线命令、镜像命令、圆命令、填充命令绘制指北针，具体步骤如表5-7所示。

表 5-7　指北针绘制方法

| 操作步骤 | 操作过程 | 操作说明 |
|---|---|---|
| 步骤1<br>绘制<br>左侧<br>三角形 | 命令：_line<br><br>回车使用上一次点/跟踪（F）/＜线的起始点＞：<br><br>角度（A）/长度（L）/指定下一点：@0，-100<br><br>角度（A）/长度（L）/跟踪（F）/撤销（U）/指定下一点：＜极轴开＞<br><br>80<br><br>角度（A）/长度（L）/跟踪（F）/闭合（C）/撤销（U）/指定下一点：c | 调用直线命令；<br>任意指定起点A；<br>输入B点的相对坐标；<br>打开"极轴"，设置"增量角度"30，捕捉240度角；<br><br>输入BC长度80；<br>闭合 |
| 步骤2<br>绘制<br>右侧<br>三角形 | 命令：_mirror<br><br>选择对象：<br><br>另一角点：<br>选择集当中的对象：3<br>选择对象：<br>指定镜面线的第一点：<br>指定镜面线的第二点：<br>要删除源对象吗？［是（Y）/否（N）］＜N＞： | 调用镜相命令；<br>框选三角形ABC；<br>回车确定；<br>选择A点；<br>选择B点；<br>不删除源对象 |

续表

| 操作步骤 | 操作过程 | 操作说明 |
|---|---|---|
| 步骤3<br>绘制等<br>分点 | 命令：'_ddptype 或"格式"—"点样式"<br><br>命令：_divide 或"绘图"—"点"—"定数等分"<br><br>选取分割对象：<br><br>块（B）/＜分段数＞：5 | 调用"点样式"命令；<br>打开"点样式"对话框；<br>设置"点样式""点大小"，选中"相对于屏幕设置大小"；<br><br>调用定数等分命令；<br>选择直线AB；<br>设置分段数5 |
| 步骤4<br>绘制圆 | 命令：_circle<br><br>两点（2P）/三点（3P）/相切-相切-半径（T）/弧线（A）/多次（M）/＜圆中心（C）＞：<br>＜对象捕捉开＞<br><br>直径（D）/＜半径（R）＞： | 调用圆命令；<br>捕捉B点；<br>打开"对象捕捉"并设置捕捉"节点"；<br>选择AB直线下数第2个等分点；<br>删除等分点 |

续表

| 操作步骤 | 操作过程 | 操作说明 |
|---|---|---|
| 步骤5<br>填充<br>右侧<br>三角形 | 命令：_bhatch<br>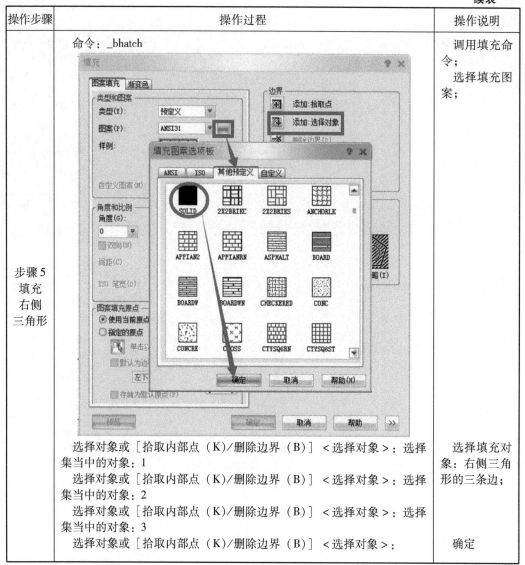<br>选择对象或［拾取内部点（K）/删除边界（B）］＜选择对象＞：选择集当中的对象：1<br>选择对象或［拾取内部点（K）/删除边界（B）］＜选择对象＞：选择集当中的对象：2<br>选择对象或［拾取内部点（K）/删除边界（B）］＜选择对象＞：选择集当中的对象：3<br>选择对象或［拾取内部点（K）/删除边界（B）］＜选择对象＞： | 调用填充命令；<br>选择填充图案；<br><br><br><br>选择填充对象：右侧三角形的三条边；<br><br><br>确定 |

## 4.4 知识解读

1. 镜像命令

镜像命令又称对象复制命令，可创建对象的轴对称映像，比较适合绘制具有对称特征的图形。

1）命令格式

命令行：mirror（MI）

菜单:"修改"→"镜像"

操作面板:"修改面板"→"镜像"

2) 命令含义

选择对象:选择源复制对象,可以点选,也可以框选。

指定镜面线的第一/二点:选择对称轴上的点。

要删除源对象吗?[是(Y)/否(N)]:默认为"否(N)",不删除源对象;选择"是(Y)",则删除源对象。

2. 点命令

在通信工程制图中,点主要用于定位,如标注孔、轴中心的位置等。另外,还有一类点可以用于等分图形对象。为了能在图纸上准确地表示点的位置,通常用特定的符号来表示点,在 AutoCAD 中通过点样式来设置点的形状。一般情况下,应先设置好点样式,然后再用该样式画点。

点包括点样式、绘制单个点、多个点、定数等分点和定距等分点。

(1) 单点:

命令:_point

设置(S):设置点的样式。

多次(M):多次设置点,也就是多点命令。

点定位(L):直接确定点的位置。

(2) 多点:

命令:_point

设置(S)/多次(M)/<点定位(L):_m

(3) 定数等分点:将选定的直线或圆等对象等分成指定的份数,其点之间的距离均匀分布。

命令:_divide

操作步骤:选择分割对象—输入分段数。

(4) 定距等分点:在选定的对象上,按指定的长度放置点的标记符号,如图 5-8 所示。

命令:_measure

操作步骤:选取分割对象—输入分段长度。

3. 圆命令

圆命令是常用的基本图形,可用来绘制通信工程中的电杆、光缆占孔图、指北针等图形。

1) 命令格式

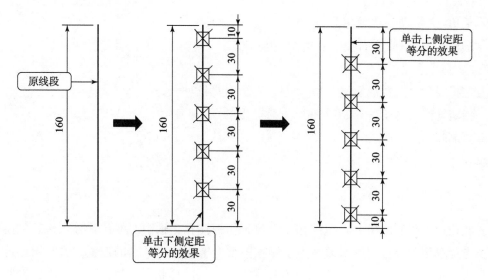

图 5-8 定距等分点

命令行：circle（C）

菜单："绘图"→"圆（C）"

工具栏："绘图"→"圆"

2）命令选项含义

执行 circle 命令，系统提示："两点（2P）/三点（3P）/相切-相切-半径（T）//弧线（A）/多次（M）/<圆中心（C）>："，当直接键入一个点的坐标后，系统继续提示："键入圆的直径 D 或半径 R"。

以上各选项说明如下：

两点（2P）：通过指定圆直径上的两个点绘制圆。

三点（3P）：通过指定圆周上的三个点来绘制圆。

T（切点、切点、半径）：通过指定相切的两个对象和半径来绘制圆。

弧线（A）：将选定的弧线转化为圆，使得弧缺补充为封闭的圆。

多次（M）：选择"多次"选项，将连续绘制多个相同设置的圆。

3）操作注意事项

如果放大圆对象或者放大相切处的切点，有时看起来不圆滑或者没有相切，这其实只是一个显示问题，只需在命令行输入 regen（RE），按回车键，圆对象即可变光滑。也可以把 Viewres 的数值调大，画出的圆就更加光滑了。

绘图命令中嵌套着撤销命令"undo"，如果画错了不必立即结束当前绘图命令重新再画，可以在命令行里输入"U"，按回车键，撤销上一步操作。

4. 图案填充与渐变填充命令

图案填充与渐变填充是指用某种图案充满图形中指定的区域。在绘制通信工程详图时,需要绘制剖面图来表示出剖切对象的材质(如碎石或混凝土)。AutoCAD 提供了多种标准的填充图案和渐变样式,还可根据需要自定义图案和渐变样式。此外,也可以通过填充工具控制图案的疏密、剖面线条及倾斜角度。

1) 命令格式

命令行:bhatch/hatch(H)

菜单:"绘图"→"图案填充(H)"

工具栏:"绘图"→"图案填充"

图案填充命令能在指定的填充边界内填充一定样式的图案。图案填充命令通过对话框设置填充方式,包括填充图案的样式、比例、角度、填充边界等。

2) 命令选项含义

(1) 边界选择

在"边界"面板中有"拾取点"和"选择"两种选择边界的方法。"拾取点"方式可以根据围绕指定点构成的封闭区域的现有对象来确定边界,"选择"方式可以根据构成封闭区域的选定对象确定边界。两种方法的区别如图 5-9 所示。已知图(a)由小圆 A 和大圆 B 相交而成,被分成 1、2、3 三个封闭区域;图(b)是单击"拾取点"按钮,选择 1,填充效果图;图(c)是单击"选择"按钮,选择 B,填充效果图。

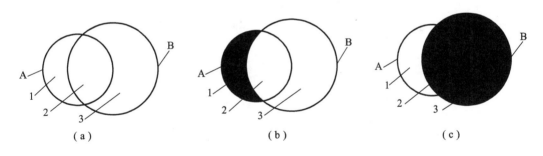

图 5-9 选择方式不同

(a) 填充前原因;(b) "拾取点"方式填充效果;(c) "选择"方式填充效果

(2) 设置图案填充样式

在"图案"面板中,可以选择填充图案的样式。"图案"下拉列表框用于设置填充的图案。在"图案"下拉列表中可以选择需要的填充图案,比较常用的有用于单色填充的 SOLID 样式及用于剖面线填充的 ANSI31 样式,如图 5-10 所示。

(3) 设置图案填充属性

在"特性"面板中,可以设置填充图案的透明度、角度、比例等属性。

透明度设置:在"图案填充透明度"文本框中输入透明度的值,不同透明度的填充效果如图 5-11 所示。

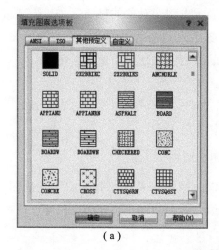

图 5-10 填充图案的样式

(a)"图案"下拉列表框;(b) SOLID 样式填充效果图;(c) ANSI31 样式填充效果

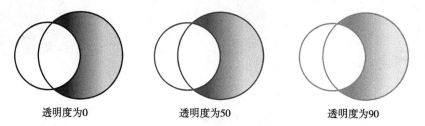

透明度为0　　　　　　　透明度为50　　　　　　　透明度为90

图 5-11 不同透明度的填充效果

角度设置:直接在"角度"文本框中输入角度值,不同角度的填充效果如图 5-12 所示。

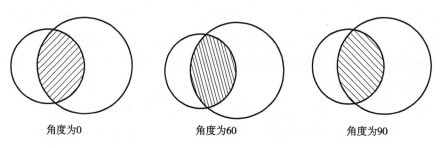

角度为0　　　　　　　角度为60　　　　　　　角度为90

图 5-12 不同角度的填充效果

比例设置：在右侧的微调框中输入比例值，不同比例的填充效果如图 5-13 所示。比例值越大，图案越稀疏；比例值越小，图案越稠密。

比例为3

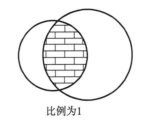
比例为1

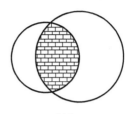
比例为0.2

图 5-13　不同比例的填充效果

测试题

## 5　室分系统拓扑图绘制

### 知识目标

1. 掌握缩放命令的操作方法
2. 掌握平移命令的操作方法
3. 掌握阵列命令的操作方法
4. 掌握圆角命令的操作方法
5. 掌握圆弧命令的操作方法
6. 掌握拉伸命令的操作方法

任务5　拓扑图绘制

### 技能目标

1. 能够使用缩放命令、平移命令、阵列命令、圆角命令、圆弧命令、拉伸命令绘图
2. 能够完成无线网络拓扑图的绘制

### 5.1　任务描述

任务单

小王完成 A4 图框、图衔、指北针的绘制后，需要在此基础之上绘制无线室分系统的拓扑图，以便竣工调试使用。本任务要求小王在任务 4 的基础上绘制由 BBU、RRU、GPS 组成的拓扑图，如图 5-14 所示，并以"学号+拓扑图"命名。

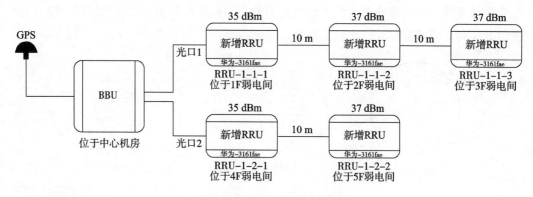

图 5-14 室分系统拓扑图

## 5.2 任务分析

观察图 5-14 可知，拓扑图主要由 BBU、RRU、GPS 及其之间的连线组成。BBU 主要由正方形组成，RRU 主要由圆角矩形组成，GPS 主要由圆弧、矩形及直线组成。因此，在具体实现过程中，首先用圆角矩形命令、阵列命令、复制命令、多行文字命令、缩放命令等绘制 5 个新增 RRU，然后再用直线命令、圆角命令和多行文字命令绘制 BBU，接着用圆弧命令、直线命令绘制 GPS，最后用直线命令和拉伸命令将它们连接起来。

## 5.3 任务实施

室分系统拓扑图的绘制方法如表 5-8 所示。

表 5-8 室分系统拓扑图的绘制方法

| 操作步骤 | 操作过程 | 操作说明 |
| --- | --- | --- |
| 步骤1<br>绘制<br>RRU | 命令：_rectang<br>倒角（C）/标高（E）/圆角（F）/厚度（T）/宽度（W）/ <选取方形的第一点 >：f<br>关闭（O）/缺省（D）/方形圆角距离（F）：10<br>倒角（C）/标高（E）/圆角（F）/厚度（T）/宽度（W）/ <选取方形的第一点 >：<br>指定另一个角点或 ［面积（A）/尺寸（D）/旋转（R）］：d<br>指定矩形的长度：100<br>指定矩形的宽度：80<br>命令：line<br>回车使用上一次点/跟踪（F）/ <线的起始点 >： | 调用矩形命令；<br>圆角矩形<br>圆角半径10；<br>任意选择起点；<br>用尺寸方法画矩形；<br>矩形长100；<br>矩形宽80；<br>调用直线命令；<br>画中间两线 |

续表

| 操作步骤 | 操作过程 | 操作说明 |
|---|---|---|
| 步骤1<br>绘制<br>RRU | 角度（A）/长度（L）/指定下一点：<br>角度（A）/长度（L）/跟踪（F）/撤销（U）/指定下一点：<br>命令：_mtext<br>当前文字样式："Standard" 文字高度：2.5000<br>多行文字：字块第一点：<br>对齐方式（J）/旋转（R）/样式（S）/字高（H）/方向（D）/字宽（W）/<字块对角点>：<br>命令：_mtext<br>当前文字样式："Standard" 文字高度：2.5000<br>多行文字：字块第一点：<br>对齐方式（J）/旋转（R）/样式（S）/字高（H）/方向（D）/字宽（W）/<字块对角点>：<br>命令：_mtext<br>当前文字样式："Standard" 文字高度：2.5000<br>多行文字：字块第一点：<br>对齐方式（J）/旋转（R）/样式（S）/字高（H）/方向（D）/字宽（W）/<字块对角点>：<br>命令：_mtext<br>当前文字样式："Standard" 文字高度：2.5000<br>多行文字：字块第一点：<br>对齐方式（J）/旋转（R）/样式（S）/字高（H）/方向（D）/字宽（W）/<字块对角点>：<br>命令：_scale<br><br>选择对象：<br>另一角点：<br>选择集当中的对象：7<br>指定基点：<br>指定比例因子或［复制（C）/参照（R）］：0.3<br><br>命令：_move<br><br>选择移动对象：<br>另一角点：<br>选择集当中的对象：7<br>选择移动对象：<br>指定基点或［位移（D）］<位移>：<br>指定第二个点或<使用第一个点作为位移>： | 调用多行文字命令<br>添加文字<br><br><br><br><br><br><br><br><br><br><br><br><br><br><br><br><br><br><br>调用缩放命令<br>选择RRU<br>回车<br><br>选择基点<br>指定合适的比例<br><br>调用平移命令<br>选择RRU<br><br>回车<br>指定基点<br>选择移动的位置 |

| 操作步骤 | 操作过程 | 操作说明 |
| --- | --- | --- |
| 步骤2<br>绘制其<br>他4个<br>RRU | 命令：_array<br><br>选取阵列对象：<br>另一角点：<br>选择集当中的对象：7<br>选取阵列对象：<br>命令：_copy<br>选择复制对象：<br><br>另一角点：<br>选择集当中的对象：7<br>选择复制对象：<br>当前设置：复制模式=多个<br>指定基点或［位移（D）/模式（O）］＜位移＞：<br>指定第二个点或＜使用第一个点作为位移＞：65<br>指定第二个点或［退出（E）/放弃（U）］＜退出＞：<br>命令：_MTEDIT<br>选择集当中的对象：1 | 调用阵列命令；<br>设置阵型参数；<br><br><br><br>选择阵列对象；<br>回车；<br>单击"确定"；<br>调用复制命令；<br>选择复制对象RRU；<br><br>回车；<br><br><br>选择基点<br>指定距离65；<br><br><br>双击文本 |
| 步骤3<br>绘制<br>BBU | 命令：_line<br><br>回车使用上一次点/跟踪（F）/＜线的起始点＞：<br>角度（A）/长度（L）/指定下一点：32 角度（A）/长度（L）/跟踪<br>（F）/撤销（U）/指定下一点：32<br>角度（A）/长度（L）/跟踪（F）/闭合（C）/撤销（U）/指定下一<br>点：32<br>角度（A）/长度（L）/跟踪（F）/闭合（C）/撤销（U）/指定下一<br>点：c<br>命令：_fillet<br><br>圆角（F）设置（S）/多段线（P）/半径（R）/修剪（T）/多个（U）/<br>＜选取第一个对象＞：r<br>圆角半径＜5＞：5<br>圆角（F）（半径=5）：设置（S）/多段线（P）/半径（R）/修剪<br>（T）/多个（U）/＜选取第一个对象＞：t<br>修剪（T）/不修剪（N）＜修剪（T）＞：t | 调用直线命令；<br>选择起点；<br>正方形边长32；<br><br><br><br>闭合；<br><br>调用圆角命令；<br>设置圆角半径选择（R）；<br>输入半径5；<br>选择修剪（T）；<br>修剪（T）； |

续表

| 操作步骤 | 操作过程 | 操作说明 |
|---|---|---|
| 步骤3<br>绘制<br>BBU | 圆角（F）（半径=5）：设置（S）/多段线（P）/半径（R）/修剪（T）/多个（U）/<选取第一个对象>：<br>选取第二个对象：<br><br>命令：-fillet<br>圆角（F）（半径=5）：设置（S）/多段线（P）/半径（R）/修剪（T）/多个（U）/<选取第一个对象>：<br>选取第二个对象：<br>命令：_mtext<br>当前文字样式："Standard" 文字高度：2.5000<br>多行文字：字块第一点：<br>对齐方式（J）/旋转（R）/样式（S）/字高（H）/方向（D）/字宽（W）/<字块对角点>： | 选择第一条边；<br>选择第二条边；<br>回车重复上述圆角命令；<br><br>利用多行文字命令添加文本 |
| 步骤4<br>绘制<br>GPS | 命令：_arc<br><br>回车利用最后点/圆心（C）/跟踪（F）/<弧线起点>：<br>角度（A）/圆心（C）/方向（D）/终点（E）/半径（R）/<第二点>：r<br><br>弧线半径：5<br>包含角（A）/<弧线终点>：180<br><br>命令：_rotate<br><br>选择集当中的对象：1<br>UCS当前正角方向：ANGDIR=逆时针 ANGBASE=0<br>指定基点：<br>指定旋转角度或[复制（C）/参照（R）] <0>：270<br><br>命令：_line<br><br>回车使用上一次点/跟踪（F）/<线的起始点>：<br><br>角度（A）/长度（L）/指定下一点：4<br><br>角度（A）/长度（L）/指定下一点：3<br><br>角度（A）/长度（L）/跟踪（F）/撤销（U）/指定下一点：2<br><br>角度（A）/长度（L）/跟踪（F）/闭合（C）/撤销（U）/指定下一点：3<br><br>角度（A）/长度（L）/跟踪（F）/闭合（C）/撤销（U）/指定下一点：<br><br>命令：_bhatch | 调用圆弧命令；<br>选择起点；<br>用半径的方法；<br>输入半径5；<br>输入包含角180；<br>调用旋转命令；<br>选择圆弧；<br>指定基点；<br>旋转角度270；<br>调用直线命令；<br>捕捉圆弧端点；<br>水平方向长度4；<br>垂直方向长度3；<br>水平方向长度2；<br>垂直方向长度3；<br>捕捉圆弧另一个端点；<br>调用面域填充命令 |

续表

| 操作步骤 | 操作过程 | 操作说明 |
|---|---|---|
| 步骤4<br>绘制<br>GPS | 选择对象或［拾取内部点（K）/删除边界（B）］＜选择对象＞：<br>另一角点：<br>选择集当中的对象：6<br>选择对象或［拾取内部点（K）/删除边界（B）］＜选择对象＞：<br>命令：_line<br>回车使用上一次点/跟踪（F）/＜线的起始点＞：<br>角度（A）/长度（L）/指定下一点：<br>角度（A）/长度（L）/跟踪（F）/撤销（U）/指定下一点 | 将 GPS 填充；<br><br>调用直线命令画 GPS 引线 |
| 步骤5<br>连接<br>设备 | 利用直线命令画连接线<br>捕捉端点、中点、垂足点<br>命令：_stretch<br>指定拉伸点或［基点（B）/复制（C）/放弃（U）/退出（X）］：<br>多行文字和复制命令添加文本 | 利用拉伸命令将两直线端点重合 |

## 5.4 知识解读

1. 圆弧命令

圆弧是与其等半径的圆的一部分。绘制圆弧的方法有多种，通常是选择指定三点，即圆弧的起点、第 2 点、端点；还可以指定圆弧的角度、半径和弦长，弦长是指圆弧两个端点之间的直线段的长度。圆弧命令如图 5 – 15 所示。

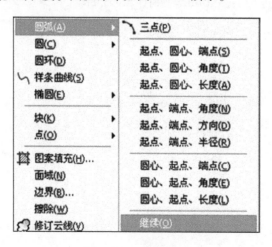

图 5 – 15　圆弧命令

1）命令格式

命令行：arc（A）

菜单:"绘图"→"圆弧(A)"

工具栏:"绘图"→"圆弧" 

2) 命令选项含义

执行 arc 命令后,系统提示"圆心(C)/<弧线起点>:";输入弧线起点后,系统继续提示"角度(A)/圆心(C)/方向(D)/终点(E)/半径(R)/<第二点>:";然后可以指定第二点,也可以选择选项中的某项进行操作。

三点:指定圆弧的起点、终点以及圆弧上任意一点。

起点:指定圆弧的起点。

终点:指定圆弧的终点。

圆心:指定圆弧的圆心。

方向:指定和圆弧起点相切的方向。

长度:指定圆弧的弦长。

角度:指定圆弧包含的角度。默认情况下,顺时针为负,逆时针为正。

半径:指定圆弧的半径。

3) 操作注意事项

ellipse 命令绘制的椭圆同圆一样,不能用 explode、pedit 等命令修改。

通过系统变量 Pellipse 控制 ellipse 命令创建的对象是真的椭圆还是以多段线表示的椭圆?当 Pellipse 设置为关闭(OFF)时,即缺省值,绘制的椭圆是真的椭圆;当 Pellipse 设置为打开(ON)时,绘制的椭圆是由多段线组成的。

"旋转(R)"选项可输入的角度值取值范围是 0 至 89.4 度。若输入的角度值为 0,绘制的为圆形;输入的角度值越大,椭圆的离心率就越大。

2. 阵列命令

阵列命令是一个功能强大的多重复制命令,它可以一次将选择的对象复制成多个并按一定规律进行排列。

1) 命令格式

命令行:array(AR)

菜单:"修改"→"阵列"

工具栏:"修改面板"→ 阵列

2) 命令选项含义

矩形阵列:就是将图形呈矩形形状进行排列,用于多重复制那些呈行列状排列的图形,如矩形摆放的桌椅等。

环形阵列:可将图形以某一点为中心点进行环形复制,阵列结果是项目将围绕指定的中心点或旋转轴以循环运动方式均匀分布。

路径阵列:项目将均匀地沿路径或部分路径分布。其中路径可以是直线、多段线、三维多段线、样条曲线、圆弧、圆或椭圆。

3) 阵列效果

阵列效果如图 5-16 所示。

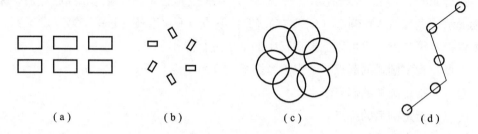

图 5-16 阵列效果

(a) 矩形阵列；(b) 环形阵列示例一；(c) 环形阵列示例二；(d) 路径阵列

3. 复制命令

复制命令可用于将一个或多个对象复制到指定位置，也可用于将一个对象进行多次复制，提高绘图效率。

1) 命令格式

命令行：copy（CP/CO）

菜单栏："修改"→"复制"

工具栏："修改"→"复制" ⚬⚬

2) 命令选项含义

选择复制对象：选择需要复制的对象。

指定基点：指定复制后粘贴时以哪点为基准点。

指定第二个点：粘贴的位置，可以指定也可输入数值。

3) 复制效果

复制效果如图 5-17 所示。

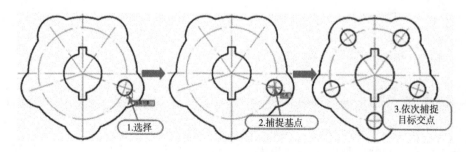

图 5-17 复制效果

4. 旋转命令

在绘制图形时，若绘制的图形角度不合理，可通过旋转命令进行调整。旋转命令用于将图形对象绕一个固定的点旋转一定的角度。

1）命令格式

命令行：rotate（RO）

菜单栏："修改"→"旋转"

工具栏："修改"→"旋转" ↻

2）命令选项含义

复制（C）：旋转复制对象，源对象保留。

其余选项同复制命令。

3）操作注意事项

旋转角度是基于用户坐标系的，逆时针旋转的角度为正值，顺时针旋转的角度为负值。

如在命令提示下选择"参照（R）"选项，则可以指定某一方向作为起始参照角。

5. 移动命令

在绘制图形时，如果图形的位置不合适，可通过移动命令将图形移至合适的位置。移动命令用于将图形从一个位置平移到另一个位置，移动过程中图形的大小、形状和倾斜角度均不改变。

1）命令格式

命令行：move（M）

菜单栏："修改"→"移动"

工具栏："修改"→"移动" ✥

2）对象的移动方式

基点法：使用由基点及后面的第二点指定的距离和方向移动对象。

相对位移法：通过设置移动的相对位移量来移动对象。

移动命令选项含义同旋转。

3）操作注意事项

在一些难以确定坐标的移动中，move 命令常与对象捕捉配合使用。

6. 缩放命令

缩放命令用于将已有图形对象以基点为参照进行等比例缩放，它可以调整对象的大小，使其在一个方向上按要求增大或缩小一定的比例。在调用命令的过程中，需要确定的参数有缩放对象、基点和比例因子。

1）命令格式

命令行：scale（SC）

菜单栏："修改"→"缩放"

工具栏："修改"→"缩放"

2）命令选项含义

选择对象：框选缩放的对象，可以同时选择多个。

指定基点：同复制命令。

指定比例因子或[复制（C）/参照（R）]：缩放比例，选择"复制（C）"保留源对象，"参照（R）"缩放的参照值。

3）操作注意事项

比例因子大于1时，放大图形；比例因子小于1时，缩小图形。

# 6　项目小结

1. 竣工资料是记录和反映工程项目施工全过程工程技术与管理档案的总称。
2. 建设项目竣工资料包含竣工文件、竣工图、竣工测试记录三大部分。
3. 根据"场景覆盖说明"编写竣工文件。
4. 竣工文件按照建设单位的要求编制，通常应包括工程说明、开工报告、建筑安装工程量总表、已安装设备明细表、工程设计变更单及洽商记录、重大工程质量事故报告、停（复）工报告、隐蔽工程/随工验收签证、交（完）工报告、验收证书和交接书。
5. 了解通信工程制图的基本要求。
6. 熟练使用CAD操作命令。
7. 完成无线网络室分系统的拓扑图、设备安装图等绘制。

# 7　项目作业

1. 建设项目竣工资料包含_____、_____、_____三大部分。
2. 竣工文件按照_____的要求编制。
3. 根据场景说明文件编制其他竣工文件内容。
4. 利用直线、圆、镜像、填充等命令完成光缆占位孔的绘制，如图5-18所示。

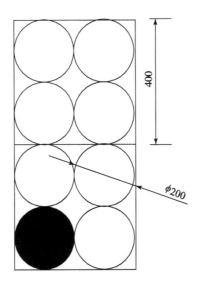

图 5-18 光缆占位孔

5. 绘制架空线路图，如图 5-19 所示。

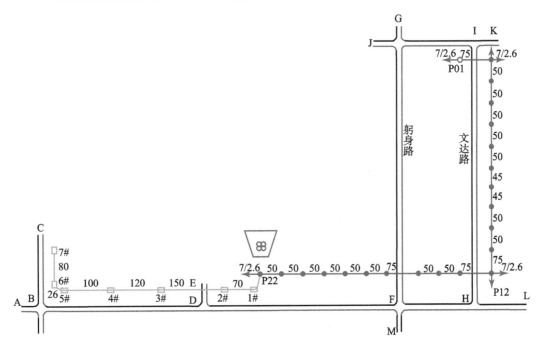

图 5-19 架空线路图

# 参 考 文 献

[1] 孙菁华. 通信工程项目管理与监理 [M]. 北京：人民邮电出版社，2018.
[2] 全国一级建造执业资格考试用书编写委员会. 通信与广电工程管理与实务 [M]. 北京：中国建筑工业出版社，2018.
[3] 信息产业部通信工程定额质监中心，通信建设监理培训教材编写组. 通信工程监理实务 [M]. 北京：人民邮电出版社，2011.
[4] 于正永. 通信工程制图及实训 [M]. 大连：大连理工大学出版社，2014.
[5] 杜文龙. 通信工程制图 [M]. 北京：高等教育出版社，2017.